文章検 文章読解・作成能力検定 公式テキスト 2級

公益財団法人 日本漢字能力検定協会

本書の特長と使い方

「文章読解・作成能力検定（文章検）」で測定し、育てる力は大きく分けて、「基礎力」「読解力」「作成力」の三つです。本書はその領域ごとに章を分けて構成しています。

解説を読んだ後に練習問題に取り組むことで、スムーズに学習できます。また、問題は少しずつ難易度が上がるように設定されており、教室でのテキストとしても、自学自習用の教材としても利用しやすいものになっています。

他人の文章を読み取る能力や自分の文章を作成する能力は、日常生活において大切なコミュニケーション能力と一致します。検定対策用としてはもちろん、コミュニケーション能力を高めるための学習ツールとしても本書をご利用ください。

本書で身につく三つの力

本書では、文章検で測定される「基礎力」「読解力」「作成力」の三つの領域を、基礎的なものから順に学習していきます。章を追うごとに、総合的な力が身についていきます。

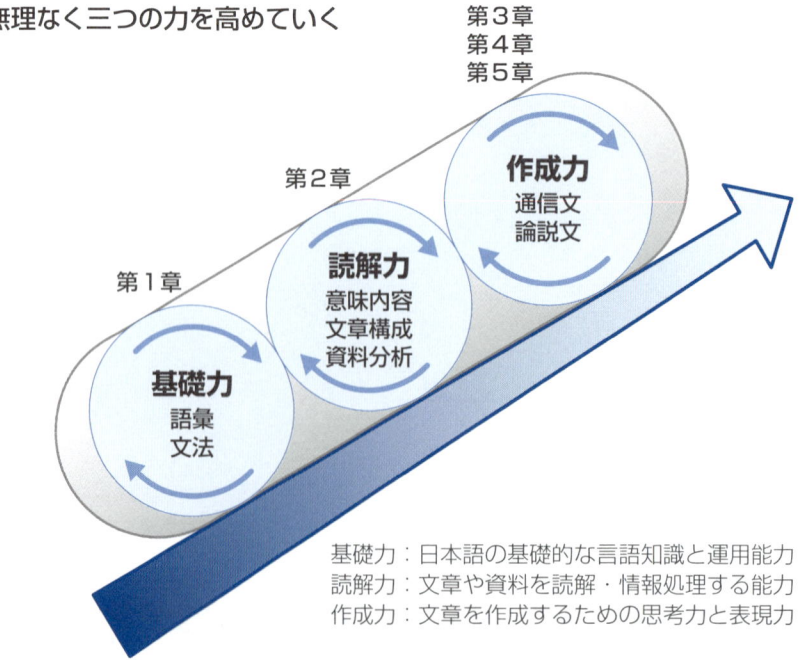

学習の進め方

　本書は、文章検で測る能力を、無理なく身につけることができるような構成になっています。解説を読んだ後で、問題を解き、別冊の解答で答え合わせをします。間違えた問題は復習しましょう。

❶ 解説を読む

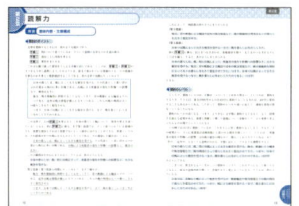

　問題を解く前に、解説をしっかり読み、これから取り組む内容を確認・理解しましょう。

　解説に書いてある手順を身につけると、練習問題が解きやすくなります。

❷ 練習問題を解く

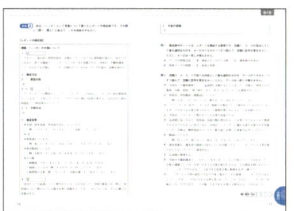

　実際に問題を解いて、答えを直接書き込んでいきます。問題文をよく読み、過不足がないように解答しましょう。

　通信文や論説文は、実際に書くことで力がつきます。解説のページを参考にして、必ず書いてみましょう。

❸ 答え合わせをする

　別冊の解答で、答え合わせをします。解答の前の解説は、間違えた問題だけでなく、全部を読んで、正しく理解できていたかを確認してください。

　論説文は、チェックリストで自分の文章の出来具合を確認します。また、作成例が掲載されているので、書き方の参考にしてください。

❹ まとめ問題にチャレンジする

　すべての章の学習が終わったら、まとめ問題で総合力の確認をします。苦手分野が見つかったら、復習しておきましょう。

コラムにも注目

　学習内容に関連した資料を「コラム」のページに掲載しています。学習に役立てましょう。

目　次

本書の特長と使い方 ……………………………………………………………… 2

第1章　**基礎力**〈語彙・文法〉 ………………………………………………… 5
　　解説 語彙 ……………………………………………………………………… 6
　　練習問題 ①・② ……………………………………………………………… 7
　　解説 文法 ……………………………………………………………………… 9
　　練習問題 ③ …………………………………………………………………… 10

第2章　**読解力**(読む力)〈意味内容〉〈文章構成〉〈資料分析〉 …………… 11
　　解説 意味内容・文章構成 …………………………………………………… 12
　　練習問題 ①〜③ ……………………………………………………………… 14
　　解説 資料分析 ………………………………………………………………… 20
　　練習問題 ④・⑤ ……………………………………………………………… 22

第3章　**作成力**⑴(書く力)〈表現〉 …………………………………………… 25
　　解説 表現 ……………………………………………………………………… 26
　　練習問題 ①〜④ ……………………………………………………………… 27

第4章　**作成力**⑵(伝える力)〈総合・通信文〉 ……………………………… 31
　　解説 総合・通信文 …………………………………………………………… 32
　　練習問題 ①・② ……………………………………………………………… 34
　　◆コラム ……………………………………………………………………… 38

第5章　**作成力**⑶(考える力)〈総合・論説文〉 ……………………………… 39
　　解説 総合・論説文 …………………………………………………………… 40
　　練習問題 ①〜③ ……………………………………………………………… 42

まとめ問題 ……………………………………………………………………… 49

　　文章読解・作成能力検定とは ……………………………………………… 60
　　文章読解・作成能力検定　審査基準 ……………………………………… 62

　●解答・解説 …………………………………………………………………… 別冊

第1章
基礎力
〈語彙・文法〉

　どれだけ多くの語彙を知っているか、あるいは、さまざまなことばの使い方に精通しているかが、文章を理解し表現する上で大きな力となる。語彙や文法に関する能力は、語彙や文法に関する問題を解くためだけに有効なのではなく、文章を読むとき、あるいは、文章を書くときにも有効に働く。語彙と文法に関する力はまさに文章における基礎力なのである。
　この章では、準2級までで積み重ねてきた語彙・文法に関する学習の成果を、練習問題を通して復習の意味をこめて試してみてほしい。

第1章 基礎力

解説　語彙

● 語　種

　日本語の語彙は、その語がどこで生まれたかによって次の4種類に分けられる。これらを語種と言う。

（1）　和語
　　　もともと日本にあった語。漢字で書いたときに訓読みされる。
　　　例：手紙　わざ　宿屋　速さ

（2）　漢語
　　　中国起源の語。日本で漢語に模して造られたものも漢語と呼ぶ。漢字で書いたときに音読みされる。
　　　例：書簡　技術　旅館　速度　野球〈日本製〉　郵便〈日本製〉

（3）　外来語
　　　中国以外から受け入れた語。日本で外来語のような形で造ったものや、外国語を変形して造った語も含む。
　　　例：レター　テクニック　ホテル　スピード　ガソリンスタンド〈日本製〉
　　　　　サラリーマン〈日本製〉

（4）　混種語
　　　和語・漢語・外来語が入り交じったもの。
　　　例：色鉛筆〈和語＋漢語〉　台所〈漢語＋和語〉　消しゴム〈和語＋外来語〉
　　　　　半ズボン〈漢語＋外来語〉

　上の例で、「手紙」「書簡」「レター」は、和語・漢語・外来語で同じような意味を表すと言える。しかし、実際の使い方を考えると、ふだんの生活でやりとりするものは「手紙」とは言うが、あまり「書簡」とは言わないだろう。「書簡」は、歴史上の人物や昔の小説家が残した手紙などを指すときに使えばぴったりで、やや硬い言葉の感じがする。また、「レター」は「レターを書く」のようにそれだけでは使わず、「レターケース」「ラブレター」のように複合語として使われる。
　一般的に言うと、和語は日常的な言葉が多く、漢語はやや硬いイメージの言葉としてとらえられる傾向がある。また、外来語は新しさやおシャレな雰囲気を出す必要のあるときに使われるようだ。もちろん、個々の語では例外もあるが、そのような傾向を知っておけば、言葉を使い分けるときに役立つだろう。

第1章

問題 1 次の問い（問1・問2）に答えなさい。

問1　次の1〜5の意味内容を表す語句として最も適切なものを、ア〜コのうちから一つずつ選んで、解答欄に記号を書きなさい。ただし、ア〜コは一度しか使えません。

1　投書や寄付などの際に本名を隠すこと。
2　あとかたもなく、なくなること。
3　見つからないようにかくすこと。
4　組織などがこわれてなくなること。
5　ものごとの状況が退歩しおとろえること。

| ア | 無記名 | イ | 消滅 | ウ | 隠匿 | エ | 匿名 | オ | 老衰 |
| カ | 破裂 | キ | 抹殺 | ク | 名無し | ケ | 壊滅 | コ | 衰退 |

●解答欄●
1 □　2 □　3 □　4 □　5 □

問2　次の1〜5の意味内容を表す語句として最も適切なものを、ア〜コのうちから一つずつ選んで、解答欄に記号を書きなさい。ただし、ア〜コは一度しか使えません。

1　生徒などをひきいること。
2　重いものや大きなものを引っ張ること。
3　職や地位から身を引くこと。
4　一族などをまとめてひきいること。
5　バラバラのものをひとつにまとめて組織化すること。

| ア | 統率 | イ | 引導 | ウ | 統治 | エ | 引退 | オ | 烏合（うごう） |
| カ | 一括 | キ | 誘引 | ク | 統一 | ケ | 引率 | コ | 牽引（けんいん） |

●解答欄●
1 □　2 □　3 □　4 □　5 □

▶ 解答 別冊 2 ページ

基礎力

問題 ②　次の1～10について、文脈に最もふさわしい語句を、ア～ウのうちから一つずつ選んで、記号に○をつけなさい。

1　今回の企画は必ず成功させると豪語していたのに失敗してしまい、私はすっかり（　ア　面目を失った　　イ　顔に泥を塗った　　ウ　名を汚した　）。

2　先週の放火による大火事は、（　ア　天地無用　　イ　驚天動地　　ウ　天変地異　）の大惨事となってしまった。

3　去年のことだが、初めての海外旅行でその国の言葉もほとんどわからないのに迷子になってしまい、すっかり（　ア　途方もなくなった　　イ　途方に暮れてしまった　　ウ　途方に暮れそうだ　）。

4　この絵は印象派の作品のように（　ア　見せつけて　　イ　見せびらかして　　ウ　見せかけて　）いるが、間違いなくにせものだ。

5　村人の猛反対を押し切って、裏山にトンネルを通す工事を（　ア　敢行　　イ　履行　　ウ　興行　）した。

6　澄み切った天空を（　ア　監視　　イ　仰視　　ウ　巡視　）して、その美しさに嘆息した。

7　マニュアルどおりに対応するのではなく、お客さまのご要望をよくお聞きし、状況に応じて（　ア　穏便　　イ　入念　　ウ　柔軟　）に対応することが重要である。

8　公然と悪事を働いていた人物が逮捕され、せいせいして（　ア　胸をさすった　　イ　胸がすいた　　ウ　胸が裂けた　）。

9　明日、Aさんがやってくるのは、どうやらB君の行方を聞くためのようだが、B君から口止めされているので（　ア　知らぬ顔を決め込んだ　　イ　しらばっくれるに違いなかった　　ウ　しらをきるつもりだ　）。

10　料理人として30年間やってきたが、（　ア　究極　　イ　極限　　ウ　極端　）の味の決め手は水だと思う。

▶解答　別冊2・3ページ

第1章 基礎力

解説　文法

● 間違いやすいポイント

文法的な観点からよく見られる間違いの例を以下に挙げておく。

（1）　修飾語と被修飾語の関係が整っていない。
- 不審な荷物が網棚に置いているのを車掌が発見した。
  ➡「荷物が」と「置いている」は合わない。「荷物を」に修正するか、「置いてある」または「置かれている」に修正する必要がある。
- 私の家は、その町で最も高いところにあり、海を見下ろしながら暮らしていた。
  ➡「暮らしていた」に対する主語が示されていないため、「私の家」が「暮らしていた」ことになってしまう。
- あなたが、私が時間をかけて作った食事を食べてもらうととてもうれしい。
  ➡「あなたが食事を食べてもらう」はおかしい。「あなたが〜食べてくれる」または、「あなたに〜食べてもらう」にすべきである。
- 私が同じ本を二冊も買ったのは、二人の妹がその本を欲しがっていた。
  ➡「買ったのは」と「欲しがっていた」では合わない。文末に「からである」と理由であることを示す言葉が必要である。

（2）　並立の成分で一方の表現が不十分。
- 彼は、ギターはもちろん、バンドを組んでいたのでトランペットも吹ける。
  ➡原文だと、「ギターを吹ける」ことになってしまう。「ギターは弾けるし」とするか、「吹ける」を「演奏できる」にするとよい。

（3）　副詞に対応する語がない。
- 多分、次の試合では、これまで負け続けてきたタロウがジロウに勝つのです。
  ➡「多分」には推量表現が対応する。「勝つでしょう」などとする。
  ＊このように副詞が、決まった表現をとることを「副詞の呼応」と呼ぶ。呼応が見られる副詞として、ほかに「おそらく（きっと）―推量表現」「決して（全然）―否定表現」「もし―仮定表現」などがある。

（4）　可能表現が重複している。
- この曲ならカラオケで歌えることができる。
  ➡「歌える」と「できる」が重複している。「歌える」か「歌うことができる」にする。

（5）　時制が誤っている。
- 明日、スーパーに行ったら、ティッシュペーパーを買った。
  ➡「明日」と未来のことなので、「買った」ではなく「買う（つもりだ）」などにする。

問題 3 次の1～10の文の下線部には文法上の誤りがあります。下線部を書き直して適切な文に書き改めなさい。

1　たとえ彼が今季限りで引退するといううわさが<u>事実でしたが</u>、私はけっして認めたくありません。

2　サークルへの勧誘を断ったのは、多額の年会費がかかり、活動の実態もよく<u>分からなかった</u>。

3　単身赴任で<u>シンガポールで住んでいる</u>父に誘われて、昨年の夏休みに東南アジアの国々を一緒に旅してまわった。

4　彼女の繊細な歌詞とのびやかで透明感ある歌声が、就職活動に疲れた私の心を<u>いつもいやしてやった</u>のです。

5　<u>何かにつけて私につらいあたる</u>先輩社員の態度に耐えかねて、思い切って上司に相談を持ちかけた。

6　今回の講演会には、本学の卒業生でありテレビの<u>コメンテーターなど幅広く分野</u>で活躍されている方をお招きする予定です。

7　ロケットに異常が起こったのは、発射されてから数十秒後、燃料タンクを<u>本体から切り離す</u>直後であった。

8　それはすでにあなたに差し上げてしまった本ですから、おもしろくなければ古書店に<u>売るなりリサイクルに出してください</u>。

9　配達されたピザは注文通りのものであった<u>うえに、到着時間が</u>約束の時間を20分近くもオーバーしていた。

10　今日の最高気温は30度を超えており、もう十月だというのにまるで<u>真夏に戻った</u>。

▶解答 別冊 3・4 ページ

第2章
読解力（読む力）

〈意味内容〉
〈文章構成〉
〈資料分析〉

　文章や図表から、自分が必要とする情報を読み取るトレーニングをするための章である。
　文章からは、書かれている情報を読み取るとともに、それを要約するときのコツを学んでほしい。その要領を踏まえて練習問題に取り組めば、きっと要約をすることの意味がわかってくると思われる。
　図表については、そのデータからどういう解釈が可能なのか、また、グラフの書き表し方についてのポイントも学んで、正しい解釈の技術を身につけよう。

第2章 読解力

解説　意味内容・文章構成

要約のポイント

文章を要約するときには、次のような流れで行う。

手順1　何について述べているか、どういう意図の文章なのかを読み取る。
手順2　部分ごとに内容を考える。
手順3　要旨をまとめる。

これは4級で扱った要旨をとらえる手順と同じである。ここでは、手順2と手順3のコツをもう少し説明しよう。そのコツとは、原文で書かれている情報のうち、どの情報が大事なのかを考えて取捨選択することである。次の文章で実際にやってみよう。

> 　日本の暮らしは、風によって大きな被害を受ける。その代表として思い浮かぶのが夏から秋口に多い台風である。台風による死傷者の発生や作物への影響など、被害は大きい。
> 　他方、風を積極的に利用することも行ってきた。昔の帆船による輸送もその一つである。近年は風力発電が盛んになりつつある。これらの風の利用は人々の暮らしを大きく変化させる。
> 　つまり、日本では風によって大きな被害を受ける一方で、風を暮らしにうまく生かしてきたのである。

この文章で、上の手順1を考えると、「日本の暮らしと風について、筆者の考えを述べている」となる。次に手順2に移る。まず第1段落だが、そこで述べられている情報のうち、重要な部分とそれほど重要でないという部分に分けることができる。重要というのは、その段落の中で中核になるものということである。その部分に下線を引いてみる。

> 　日本の暮らしは、風によって大きな被害を受ける。その代表として思い浮かぶのが夏から秋口に多い台風である。台風による死傷者の発生や作物への影響など、被害は大きい。

この下線部分を中心にまとめると、たとえば、次のようになる。

> 日本の暮らしは、風、特に台風によって、死傷者の発生や作物への影響など、大きな被害を受ける。

第2段落と第3段落も同様にやってみよう。まず下線を引く。

> 　他方、風を積極的に利用することも行ってきた。昔の帆船による輸送もその一つである。近年は風力発電が盛んになりつつある。これらの風の利用は人々の暮らしを大きく変化させる。
> 　つまり、日本では風によって大きな被害を受ける一方で、風を暮らしにうまく生かしてきたのである。

これによって、両段落は次のようにまとめられる。
［第2段落］
　他方、昔の帆船による輸送や近年の風力発電など、風の積極的な利用は人々の暮らしを大きく変化させる。
［第3段落］
　日本では風によって大きな被害を受ける一方で、風を暮らしに生かしてきた。

　次に 手順3 に移る。以上をつなぎ合わせ、重複部分を削り、文と文のつなぎ目などにことばを補う。すると、次のようにまとめられる。

　　日本の暮らしは、風、特に台風によって、死傷者の発生や作物への影響など、大きな被害を受ける。他方、昔の帆船による輸送や近年の風力発電など、風の積極的な利用によって人々の暮らしを大きく変化させてきた。つまり、日本では風によって大きな被害を受ける一方で、風を暮らしに生かしてきたのである。（141字）

となる。

● 要約のレベル

　ところで、要約というのは、正解が一つということはあり得ない。というのは、要約をするとき、たとえば、原文が800字のものを400字に要約することもあれば、200字に要約することもあるからである。したがって、要約のレベルの違いに応じて、適切な要約は異なってくることになる。

　要約のレベルが高くなる、つまり、より少ない文字数に要約するとなると、もう一段階手を加える必要がある。重要と判断して残した情報について比較をして、より重要と考えられるものを残すということになる。

　上の例では141字に要約しているが、これをさらに短く要約するとしよう。すると、上の結果から、さらに重要度が比較的低いと思われる部分を削っていく。たとえば、「死傷者の発生や作物への影響」は台風の被害の例なので、削ることができそうである。また、「昔の」「近年の」もなくても意味がわかる。字数に応じて、そのような調整をすると、

　　日本の暮らしは、風、特に台風によって大きな被害を受ける。他方、帆船による輸送や風力発電など、風の利用によって暮らしを大きく変化させてきた。つまり、日本では風によって被害を受ける一方で、風を暮らしに生かしてきたのである。（109字）

のようにできる。

　ここまでは、原文をなるべく生かしつつ要約をしてきた。これをさらにもっと短くするとなると、原文の意味内容を残して、表現を大きく変えることになる。たとえば、次のようになる。

　　日本では、台風など風によって被害を受けるが、帆船輸送や風力発電などの風の利用で暮らしを変化させてきた。つまり、風による被害を受ける一方で、風を暮らしに生かしてきたのである。（86字）

問題 ① 次は、歯周病について述べた文章です。これを読んで下の問いに答えなさい。

　歯周病は歯周組織が歯周病菌に感染した病気で、歯茎がはれたり出血したりして、最終的には歯が抜けてしまう。以前は歯槽膿漏(のうろう)といわれていたものも厳密には、歯茎に炎症が起きて歯の周りにうみがたまるという歯周病のひとつの症状を指す。最近では歯槽膿漏も含めて「歯周病」という呼び方をすることが一般的だ。

　はじめのうちは歯を磨いたときに少量の出血があったり、歯茎がムズムズしたりするくらいで痛まず、ほとんど自覚症状がない。歯がグラグラと動いて、冷たい水がしみ、口臭がひどくなるといった症状が出てから気がつくことが多く、その時にはかなり病気が進行してしまっている。痛みの自覚症状がないまま進行するのでやっかいなのである。

　歯周病になる原因は、十分な歯磨きができていなかったために付いた歯垢(しこう)や歯石である。歯垢や歯石の細菌が歯茎を刺激して炎症を起こすのだ。治療方法としては、まずは歯科医に歯垢と歯石を取り除いてもらうことが挙げられる。特に歯石は石のようにかたく、歯や歯の根にしっかりとこびりついているため、普段の歯磨きをするように、自分で歯ブラシで取ることはできないのである。

　この病気で何よりも大切なのは予防することである。普段から歯磨きを正しく行って歯垢の量を減らし、歯垢の細菌の増殖を抑えるのだ。自分では毎日きちんと歯磨きを行っていても、付いてしまった歯垢を除去できているとは限らない。正しい歯磨きの仕方をかかりつけの歯科医などで指導してもらうことも必要だ。また歯茎の血行をよくすることも有効である。歯と歯茎の境目などの汚れを取り、血行をよくして歯茎自体を鍛えるのである。さらに虫歯や歯茎の異常を感じなくても、半年に１回は定期検診をして歯石を除去すれば万全の予防となる。

問　次の文章は、左の本文を要約したものです。空欄部分に必ず80字以上、90字以内で文章を補って要約を完成させなさい。句読点も1字として数えます。句読点が行頭にきたときは、前行末欄内または欄外にうってかまいません。

　歯周病は歯周組織が歯周病菌に感染した病気で、歯茎のはれや出血があり最終的には歯が抜ける。以前は歯槽膿漏といわれていたものも歯周病のひとつの症状で、最近ではこれも含めて「歯周病」というのが一般的だ。
　はじめは歯磨き時に少量出血したり歯茎がムズムズしたりする程度で痛みの自覚症状がない。歯が動く、冷水がしみる、口臭がひどいといった症状で気づくことが多く、その時にはかなり病気が進行している。自覚症状がなく進行するのでやっかいだ。

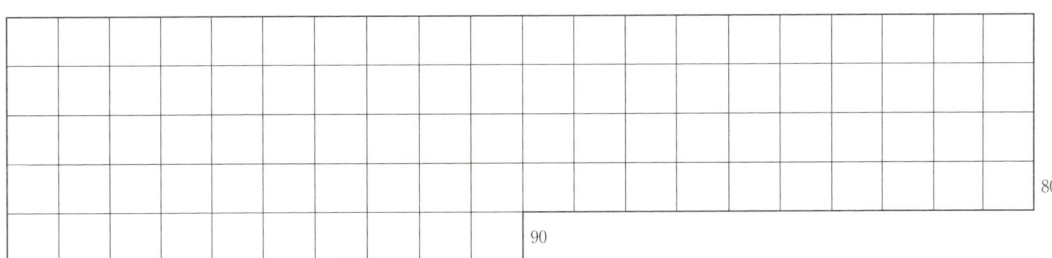

　この病気で何よりも大切なのは予防だ。歯磨きを正しく行い、歯垢を減らし、細菌の増殖を抑えるのだ。正しい歯磨きの仕方を歯科医で指導してもらうことも必要だ。また歯茎の血行をよくすることも有効で、汚れを取り血行をよくして歯茎自体を鍛えるのだ。さらに半年に1回は定期検診をして歯石を除去すれば万全の予防となる。

●解答欄●

問題 2 次は、「～っす」という言葉について調べたレポートの構成表です。下の問い（問1・問2）に答えて、これを完成させなさい。

【レポートの構成表】

標題：「～っす」の分類について

1．①_____

　アルバイト先の若い男性社員が「お疲れっす」と言うのに違和感を覚えた。気をつけてみると、色々な場面で「～っす」という言い方を見聞きする。今回は、予備的調査として、どのような言葉に「～っす」が使われているのか、データを集め、分類を試みる。

2．調査方法
2.1　調査対象
〔②_____〕
2.2　③_____
　インターネットの検索エンジンで、「ツイッター」「Twitter」「っす」の3語を検索語として入力し、上位にランクインしたサイトから順に100語を集める。12月23日午前10時現在で、786万件がヒットした。
2.3　分類方法
〔④_____〕

3．調査結果
　●名詞（固有名詞、代名詞を含む）につくもの
　　　例：バイトっす、これっすよ、○○（名前）っす　　など
　●〔⑤_____〕
　●形容詞につくもの
　　　例：楽しいっす、いいっすね、うれしいっすよ、ヤバイっす　　など
　●形容動詞につくもの
　　　例：大好きっす、元気っす、大丈夫っす、マジっすか　　など
　●その他
　　・助動詞「です」「ます」が、「でっす」「まっす」になったもの
　　・副詞につくもの　例：キラキラっす、ゆっくりっす　　など
　　・挨拶時の言葉　例：「ちーっす」「お疲れ様っす」「あざーっす」　　など

4．⑥_____
　ほぼすべての品詞について使われていることがわかった。今回の調査では、特に、形容詞について使われている場合が多い印象をもったが、これについては、さらに調べる必要がある。

5．今後の課題
〔⑦　　　　　　〕

問1　構成表中の1〜5は、レポートを構成する要素です。空欄①・③・⑥の見出しとして最も適切なものを、A〜Eのうちから一つずつ選んで、空欄に記号を書きなさい。ただし、A〜Eは一度しか使えません。

A　データの収集方法　　B　調査のきっかけと目的　　C　調査前の注意点
D　収集データの特徴　　E　結果の考察

問2　空欄②・④・⑤・⑦で述べる内容として最も適切なものを、ア〜コのうちから一つずつ選んで、空欄に記号を書きなさい。ただし、ア〜コは一度しか使えません。

ア　今回は、予備的調査として、品詞別に分類するにとどまった。今後は、使用される場面（公的・私的）、使う相手（目上・目下）などについても調査を行いたい。

イ　形容詞・形容動詞・感動詞につくもの
　　　例：わるいっす、キレイっす、鮮やかっす、おはようっす　　など

ウ　「ちーっす」や「あざーっす」など、挨拶の言葉は、どこで使われているのだろうか、なぜ、そのような言葉を使うのかという疑問を明らかにすることを目的とする。

エ　今回は、ツイッターで使われている言葉を対象とする。

オ　品詞別に見てみると、形容詞、名詞の順に使われることが多いのではないかと推測されるのでそのように分けてみる。今回は、ツイッターに現れる書き言葉だけを対象とした。今後は、携帯電話のメールや一般の話し言葉にも対象を広げていきたい。

カ　動詞につくもの
　　　例：行くっす、食べるっす、寝るっす、するっす、いるっす　　など

キ　調査対象は、調査者の周囲の100人くらいを目標とする。「〜っす」という言葉を使うかどうか、アンケート調査を行う。

ク　品詞別に整理する。

ケ　今回の予備的調査で「〜です」「〜ます」が「〜っす」の形でつくことがわかった。今後の課題としては、なぜこのような言葉が使われるのか、その理由を明らかにすべく、「〜っす」だけではなく、さまざまな若者言葉に範囲を広げて調べたい。

コ　「〜っす」という形の語をできるだけ多く集めた。その結果、「〜っす」だけではなく、「〜っすか」「〜っすね」のような形も見つかった。このことから、「〜っす」は、「お疲れっす」だけではなく、その他、さまざまな言葉にも使われることがわかった。

▶解答　別冊5・6ページ

問題 3 次は、「体験談チラシ」について調査を行い、その結果について述べたレポートの概要です。これを読んで、下の問い（問1・問2）に答えなさい。

A. ☐

　体験談の語られ方として最もよく見られたのは、内容が大きく四つの部分に分かれているパターンである。第1部で、過去の自分の状態を記述し、商品を購入する根拠を示す。第2部では、商品の効果について疑いが述べられるが、第3部で、第2部での疑いが覆され、明らかな効果があったことが述べられる。そして、第4部で、今後の期待と感謝の言葉が記される、という構成であった。

B. ☐

　今回は、体験談チラシの文章構成に着目し、それを明らかにした。今後は、この構成が、インターネットの「レビュー」のような他の媒体にも当てはまるのかどうかを確認したい。また、体験談を述べる際の表現には特有のものがあるのかという点についても調査したい。

C. ☐

　何か新しいことを始めたり、今まで買ったことがない物を購入したりする際には、他人の体験談を役立てることがある。例えば、インターネットの「お客様の声」「レビュー」といったコーナーや、体験談が掲載されている新聞チラシ（以下、「体験談チラシ」）である。では、体験談を述べる際には、一体どのような構成が有効と考えられ、使用されているのであろう。以下、新聞の「体験談チラシ」にはどのような商品のものがあり、また、体験談はどのように構成されているかについて調査した結果を報告する。

D. ☐

　体験談チラシに健康系の商品が最も多いのは、新聞の主な購読層が40代～高齢者であることが大きく影響していると考えられる。また、体験談チラシの四部構成で重要なのは、おそらく第2部の「疑い」であろう。これは、体験談チラシの読み手にとっての疑いでもあるからだ。その疑いが、第3部で覆されることによって、購入の意思決定へのステップとなると考えられる。

E. ☐

　購読している新聞1種類（全国紙）と共に配達されるチラシ6か月分の中から「体験談チラシ」を選び出し、商品の種類と体験談の文章構成の2点についてデータを集めた。1枚のチラシに複数人の体験談が掲載されている場合は、すべての体験談をデータとした。

F. ＿＿＿＿＿＿＿＿＿＿＿＿＿

　収集したデータは、全344件である。最も多かったのは、健康系チラシに掲載された268件である。そのうち、ダイエット（食品）が130、美容（化粧品）46、加齢対策33、毛髪30、健康増進器具29であった。次いで、勉強系35、人生系15、その他26という結果である。健康系の商品が全体の約8割を占めている。

問1　A〜Fはレポートを構成する内容です。それぞれの見出しとして最も適切なものを、ア〜カのうちから一つずつ選んで、A〜Fの空欄に記号を書きなさい。ただし、ア〜カは一度しか使えません。

　ア　調査結果　②体験談の文章構成
　イ　今後の課題
　ウ　結果についての考察
　エ　調査目的
　オ　調査結果　①商品の種類
　カ　調査方法

問2　A〜Fを並べ替えて、意味のよくわかる一つの文章にしてレポートのアウトラインを完成させます。その順序として最も適切なものを、ア〜オのうちから一つ選んで、記号に○をつけなさい。

　ア　D－E－F－A－B－C
　イ　C－E－F－A－D－B
　ウ　C－E－F－A－B－D
　エ　E－D－F－A－B－C
　オ　E－F－A－C－D－B

▶解答　別冊6・7ページ

第2章 読解力

解説　資料分析

　図表やグラフを読み取るにあたって、そのデータからどういうことが分析できて、どういうことは分析できないかを識別する能力が必要である。

タイトル	視聴率
テレビ小説・夢の人	20.2
アルストロメリア	15.5
泥棒刑事	15.4
金曜ミステリー劇場	15.0
柿本人麻呂	13.1

　次の表は、ある1週間におけるテレビ番組の高視聴率（ドラマ部門）のベスト5を並べたものである。この表からどういうことが読み取れるか。

　「テレビ小説・夢の人」が20.2％と最もよく見られている。その後、3作品が15％台で続いているが、「アルストロメリア」と「泥棒刑事」とでは、実際に多くの人が見たのはどちらか。

　視聴率はサンプリング調査で行われ、無作為に選ばれた家庭の視聴状況によって算出される。すべての人を調査しているわけではないので、表の数値には統計上の誤差がある。したがって、15.5％と15.4％といったわずかな差はほとんど意味がないと見るのが正しい。つまり、「アルストロメリア」を見た人は「泥棒刑事」を見た人よりも多いと言えないのである。

　誤差の程度は、実際にどれぐらい多くの家庭を調査対象としたかによって変わるのだが、常識的に考えれば、15％台の3作品は、実際には視聴率の差があると言えないだろう。

　次に、下の棒グラフを見てみよう。このグラフは、昨年発行の小説雑誌12冊に載っている小説150編を対象に、グラフに示した四つのジャンルにあてはまる小説について漢字がどれぐらい含まれているかを調べたものである。漢字含有率は各小説の冒頭1000字を調べている。このデータから、どういうことが読み取れるだろうか。

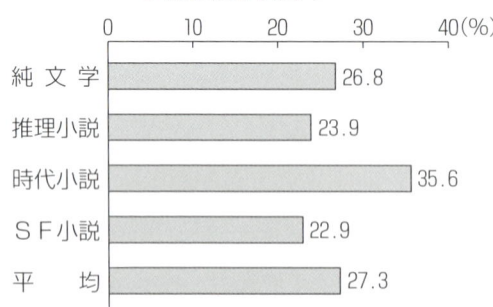

　漢字含有率は、時代小説が最も高く、SF小説が最も低い。時代小説では、外来語が出てこないし、漢字が多いことは納得できる。また、逆に、SF小説では外来語が多くその分、漢字が少なくなることも推測できる。

　ところで、このデータから、最近の小説の漢字含有率の平均は27％前後であると言ってよいだろうか。調査対象は、昨年発行の小説雑誌だから、最近の小説というのにはあてはまる。しかし、小説というと、ここに挙げられているジャンルのほか、恋愛小説、冒険小説、経済小説などがあって、このデータだけでは不十分である。つまり、最近の小説全般にまで拡大して解釈することはできない。

グラフ作成・読み取りの際の注意

グラフの読み取りでは、グラフの示し方にも注意をすることが必要である。

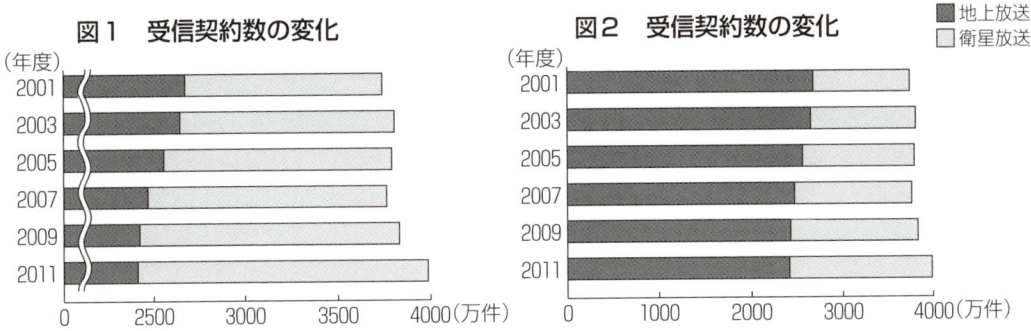

　図1のグラフは、地上放送と衛星放送の受信契約数の年度別変化を示している。衛星放送の契約数が増加していることが見てとれる。そして、うっかりすると、衛星放送の受信契約数が地上放送の契約数より圧倒的に多いと思ってしまいそうだが、それは正しくない。地上放送のデータには空白の部分があり、それをなくすと図2のようになる。2011年度の時点では、地上放送の契約数のほうが明らかに多い。
　グラフの意味する趣旨と異なることまで拡大解釈してはいけないのである。

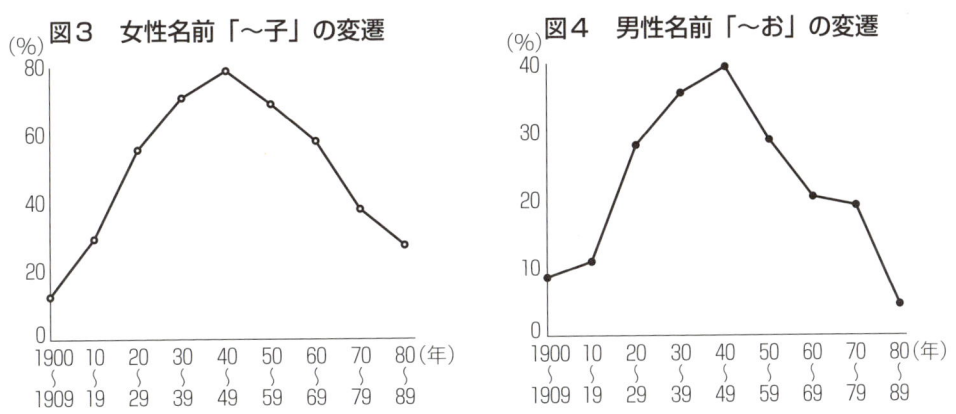

　上の図3・図4は、名前の変遷に関するグラフである。図3は、1900年代〜1980年代の間に、女性の名前で「子」がつく人の割合がどのように変化してきたかを示している。図4は、同様に、男性の名前で「お」で終わる人についての割合を示している。「〜子」は1940年代に80%近くを占め、その後減少している。他方、「〜お」も、同じく1940年代にピークを迎えて、その後減少している。このことから、「女性の「〜子」と男性の「〜お」は、同じ傾向を示している」と言いたくなる。
　しかし、問題は縦軸の目盛りである。女性は80%までであるが、男性は40%までしかない。もし、目盛りを同じ割合にすると、「〜お」のピークはかなり低くて、両者のグラフがそれほど似ていないことが分かるだろう。このような比較をするときには、目盛りの大きさに注意をすることも必要である。

問題 ④　次は、テレビ視聴時間の年代別・性別傾向について調べたレポートの構成表です。これを読んで、下の問い（問1〜問3）に答えなさい。

【レポートの構成表】

標題：テレビ視聴時間の年代別・性別傾向

［1］　序論
- 問題提起

　　平日と日曜日とのテレビ視聴のあり方について、年代別・性別にみたときにどのような違いが認められるだろうか。

［2］　本論
- 調査の方針

　　統計資料の収集・分析に重点をおく。

- 調査の結果（明らかとなった事実）

　　〔　　　　　　①　　　　　　〕

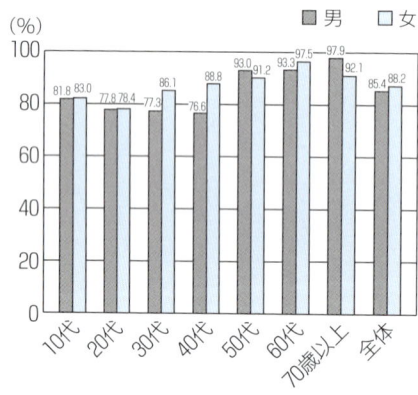

図1　平日にテレビを30分以上見た人の割合

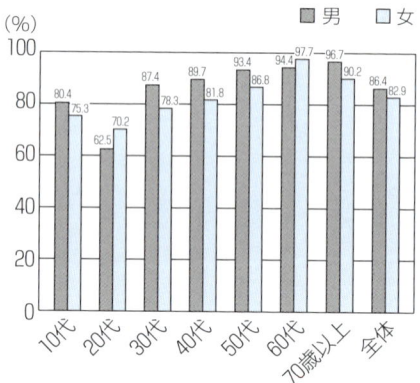

図2　日曜日にテレビを30分以上見た人の割合

［3］　結論
- 見解

　　〔　　　　　　②　　　　　　〕

- 今後の課題

　　近年いわれている「若者のテレビ離れ」が実際に起こっているのか否か、明らかにしたい。

問1　空欄①で述べる内容として最も適切なものを、ア〜エのうちから二つ選んで、記号に〇をつけなさい。

ア　「全体」のテレビ視聴は、平日・日曜日ともに男性より女性の割合が高い。
イ　高齢者のテレビ視聴は、若い世代とは異なり平日と日曜日とでほとんど差がない。
ウ　10代のテレビ視聴は、男女ともに平日よりも日曜日の割合が高い。
エ　30代・40代のテレビ視聴では、平日と日曜日とで男女の割合が逆転している。

問2　空欄②で述べる内容として最も適切なものを、ア〜エのうちから二つ選んで、記号に〇をつけなさい。

ア　老人ホームの入所者たちが大食堂でテレビを視聴している様子を見て、年齢層によるテレビ視聴の違いに興味をもった。
イ　30代・40代における男女のテレビ視聴の差は、仕事関連の拘束時間の違いによるものと考えられる。
ウ　高齢者は、自由に使える時間が多く、平日と日曜日の区別なくテレビ視聴に費やす時間が多くなっていると考えられる。
エ　アンケートを実施したかったが、時間と費用が足りなかったため公的機関の調査結果を利用することにした。

問3　「今後の課題」に取り組む上で何を調べたらよいか。最も適切なものを、ア〜ウのうちから一つ選んで、記号に〇をつけなさい。

ア　土曜日にテレビを何時間見たのか各年代を調査した過去10年分のデータ
イ　各年代の1日のテレビ視聴時間がどのくらいかを調査した過去10年分のデータ
ウ　10代・20代のテレビ高視聴率番組ベスト10を調査した過去10年分のデータ

▶ 解答　別冊8ページ

問題 5　次はZ国の教育機関の構造を示した図です。これを見て、下の問いに答えなさい。

図　Z国の教育機関構造

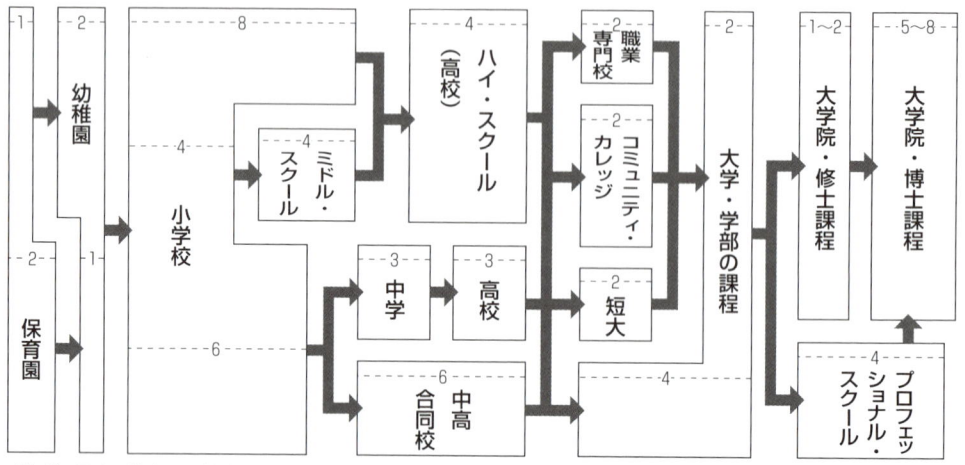

（備考）図中の数字は、教育期間の年数を表す。

問　次の条件を満たす教育機関名を（　）の中に書きなさい。

1
- 教育期間は4年間。
- 小学校卒業後に進む。
- 卒業後は4年制のハイ・スクールに進む。

（　　　　　　　　　　　　　　　）

2
- 高卒以上であれば、だれにでも入学資格が与えられる。
- 卒業後は大学に編入することが可能。
- 学費は短大の約3割と安い。
- 職業専門校よりも幅広いカリキュラムが提供される。

（　　　　　　　　　　　　　　　）

▶解答　別冊8ページ

第3章
作成力(1)(書く力)

〈表　現〉

文章を書き上げたあとで必要なのが推敲(すいこう)である。

推敲は、誤字・脱字に注意するだけでなく、もっとわかりやすい文章表現にすることはできないかと考えることも含まれる。

その際に大切なのは、読み手の立場になることである。書いた本人の立場では、何が書かれているかがよくわかっているので、読み返してもわかりにくい箇所は見つかりにくい。したがって、読み手の立場に立つことが推敲のコツになる。

ここでは、推敲のチェックポイントを学んで、実際に推敲を練習する。

第3章 作成力(1)

解説　表現

● 推敲の考え方

　文章を一通り書き上げたら、読み直して推敲をする必要がある。推敲には、漢字や送り仮名などの表記上のチェックのほか、表現上のチェックをすることも含まれる。例えば、「主語と述語の関係が適切か」や「内容に合った用語が使われているか」など表現上のことについてもチェックをする必要がある。

　それらのうちには、文章化するときに注意しておけば推敲のときにしなくてすむことも多い。しかし、文章化のときには内容面について、いかにして読者にわかりやすく伝えるかということに集中したい。そして、いったん書き上げた後で、表現上の細かい点をチェックする方がよい。文章化のときは文章化に集中し、推敲のときは細かい表現チェックをするというように、2段階に分けて行う方が確実だからである。

● 表現上のチェックポイント

　以下、誤字・脱字、漢字、仮名遣い、送り仮名などの表記以外、つまり、表現上のチェックポイントについて取り上げる。

（1）　必要な情報を落としたために、わかりにくくなっていないか。
（2）　1段落または1文が、多くの内容を含んでいることはないか。
（3）　文の組み立てにおいて問題はないか。
　①　修飾語と被修飾語の関係が整っているか。
　②　並立の成分で一方の表現が不十分ということはないか。
　③　副詞の呼応は正しいか。
（4）　意味があいまいな表現はないか。
（5）　語句の選択に問題はないか。
　①　適切な語を選んでいるか。
　②　慣用的な表現の使い方にミスはないか。
　③　俗語や話しことばそのままの表現を使っていないか。
（6）　敬語の使い方に問題はないか。
（7）　文体（デアル体、デスマス体）は統一されているか。

● 表記上のチェックポイント

　①　誤字、脱字はないか。
　②　漢字の誤りはないか。
　③　仮名遣い、送り仮名は適切か。
　④　句読点によって、意味がもっとわかりやすくならないか。
　⑤　同じ語句はいつも同じ書き方になっているか。

問題 ① 次の文章は、実験のレポートの一部です。［　］の部分は、どの書き方がよいのか、迷っているところです。横書きの表現として、最も適切なものを選んで、○をつけなさい。

　植物にはそれぞれ固有のにおいがある。植物のにおいの中で、花の香りについては、昆虫を呼び寄せて花粉をおしべからめしべに運ばせるのに役立つことがわかっている。においの好みは［　十人十色　　10人十色　　10人10色　］のようで、花によって誘引される昆虫は決まっていることが多い。

　では、葉や茎、根や実から出るにおいの役割は何なのか。その働きを確かめるために、次のような実験をした。

　まず管瓶を 2 本用意し、［　壱方　　一方　　1方　］の管瓶には、小さく切った食パンを入れて密封した。もう［　壱方　　一方　　1方　］の管瓶には、食パンとともに、おろしワサビ2.5 gを入れて密封した。そして［　摂氏二五度　　摂氏25度　　25℃　］の部屋の中で観察を続けた。すると、何も入れていない管瓶の中の食パンには［　五十時間　　50時間　］を過ぎたころから、いろいろな色のカビが生えてきたが、ワサビを入れた管瓶の中の食パンには、［　十五日　　15日　］たっても［　三十日　　30日　］たっても、カビは生えなかった。

　ワサビの代わりに、おろしたニンニクや［　二ミリメートル　　2ミリ　　2 mm　］くらいの大きさに刻んだニラの葉を使ってみたが、やはりカビは生えなかった。

▶ 解答 別冊 8・9 ページ

問題 ② 次の文章を読んで、下の問いに答えなさい。

　血液型とは血液における違いによって、さまざまに区別される型ないしはその分類形式をいう。その一種であるABO式血液型では、人間の血液型を四つの型に分類する。この四つの型の分布が、どのような割合になっているかは、大きく異なるという。ABO式血液型の分布は、A型が約40％と最も多く、次いでO型が約30％、B型が約20％、AB型が約10％となっている。オランダでは、O型が約45％、A型が約43％、B型が約9％、AB型が約3％、インディオでは90％以上がO型という調査結果がある。

問　次の1～4は、上の文章の下線部を一文ずつ抜き出したものです。1～4には言葉が足りない部分があります。それぞれの文の意味がよくわかるものになるように、最も適切なものを、ア～クのうちから一つずつ選んで、解答欄に記号を書きなさい。ただし、ア～クは一度しか使えません。

1　血液型とは血液における違いによって、さまざまに区別される型ないしはその分類形式をいう。
　●解答欄● ☐

2　その一種であるABO式血液型では、人間の血液型を四つの型に分類する。
　●解答欄● ☐

3　この四つの型の分布が、どのような割合になっているかは、大きく異なるという。
　●解答欄● ☐

4　ABO式血液型の分布は、A型が約40％と最も多く、次いでO型が約30％、B型が約20％、AB型が約10％となっている。
　●解答欄● ☐

ア　南アフリカに住む　　イ　A、B、O、ABの　　ウ　赤血球の表面にある
エ　日本国民における　　オ　ヨーロッパに　　　　カ　ABO式血液型の
キ　地域や民族によって　ク　遺伝形質の

▶解答　別冊9ページ

問題 3 次は、減量について述べた文章です。推敲（すいこう）して、間違いのない文章に直します。1～4に該当する部分に下線を引き、その下に正しく書き直しなさい。

　減量に運動が効果的だということは言うまでもない。ところが、「ずっとスポーツを続けているけれど、いっこうに体重が減らない」と嘆く人がいる。実は、運動には、減量に適したものと適さないものとがある。

　減量とは、一般的に皮下脂肪を落とすことを言う。皮下脂肪を落とすためには、持続的に緩やかに筋肉を動かさしてやることが必要である。運動によって心臓が刺激を受けて血行がよくなり、その結果、筋肉に酸素が多く届けられ、より多くの皮下脂肪が燃焼される。

　さらに、筋肉に激しい刺激を与えるハードな運動は、皮下脂肪を燃焼させるのじゃなくて、エネルギー源のグリコーゲンを消費されてしまう。皮下脂肪の燃焼に結びつかないため、いつまでたっても体重が減らないわけだ。

1　書きことばとして不適切な話しことばが使われている。
2　「サ入れ言葉」が使われている。
3　不適切な接続のことばが使われている。
4　係り受けの関係が正しくない。

解答　別冊 9・10ページ

問題 ④ 次は、ものの見方、考え方について述べた文章です。推敲（すいこう）して、間違いのない文章に直します。1〜5に該当する部分に下線を引き、その下に正しく書き直しなさい。

「16チームでトーナメントを行うとき、優勝決定まで何試合行われるか。ただし、引き分けはないものとする」という問題があった。これに対してAさんは次のように考えた。まず2チームずつ対を作る。これで8試合をし、次にその勝者で4試合をする。さらにその勝者4チームで2試合を行い、最期に決勝戦を行う。そこで、それらの試合数の8、4、2、1を足して答えは15試合になる。他方、Bさんの考え方はこうだ。トーナメントは1試合ごとに必ず1チームが消える。なので、優勝チームだけが残るには、参加チーム数より一つだけ少ない試合数が必要になる。つまり、16引く1で15試合になる。

Bさんの計算方法の方が簡単だが、両者の違いはトーナメントのとらえ方にある。Aさんは「優勝チームが勝ち残る」までの順序を負って考える、いわば正攻法です。他方、Bさんは「1試合で1チームが負けて消える」ものととらえている。こちらは問題を裏返して眺めている。このように問題を違う角度から眺めることによっておもしろい考えが生まれるという、型にはまった考えに陥りやすい私たちには決して容易ではないことがある。それはともかく、型どうりの思考法からは、柔軟な考えや独創的なアイデアは生まれないのである。

1 段落に分けた方がよい箇所があれば改行する。
2 一文が長くて分かりにくい箇所があれば、短い文に分解して書く。
3 書きことばとして不適切な話しことばがあれば改める。
4 誤字、現代仮名遣いの誤り、送り仮名の付け方の誤りがあれば、それを正す。
5 文体の不統一があれば統一する。

▶ 解答 別冊10・11ページ

第4章
作成力（2）（伝える力）

〈総合・通信文〉

　近年、実社会、特に企業における通信文は、その多くが横書きになっている。個人間の手紙も、横書きでなされることが少なくない。
　横書きの場合も、通信文の基本的な考え方は縦書きと同じであるが、横書き特有のルールもある。
　この章では、横書きの通信文の基本形式とその意味を学んで、実際の通信文を書く練習をしてみよう。

第4章 作成力(2)

解説　総合・通信文

● 横書きの通信文の基本形式

　近年、実務的な内容の手紙、たとえば案内文や通知文は、縦書きよりも横書きのものが多く見られる。これら横書きの場合にも、これまで学んできた縦書きの通信文と同様に「型」が存在する。
　まず、一つサンプルを示そう。

```
                                          a ××××年9月23日
  b テニスクラブ春風会の皆様

                                         c 20周年記念会実行委員
                                             柳原　美咲

          d 春風会創立20周年記念パーティーのご案内

   e 拝啓
     f 新秋の候、 g 皆様にはいかがお過ごしでしょうか。
       h さて、 i 春風会はこのたび創立20周年を迎えることになり
     ました。つきましては、創立20周年を記念いたしまして、さ
     さやかな創立20周年記念パーティーを下記の要領で催すこと
     になりました。
       先輩の皆様と現クラブ員との交流の場として、楽しんでい
     ただきたいと存じます。皆様に喜んでいただける企画もご用
     意いたしております。
       お忙しいこととは存じますが、なにとぞ足をお運びくださ
     い。
       j まずはご案内まで。
                                                 k 敬具

                         l 記
       m 日時　11月3日（祝）12時～14時
         場所　ユウロピアンホテル　1階
         会費　3,000円
       n 追伸　準備の都合上、ご出欠のご返事を同封のはがきで
             10月25日までに頂戴できれば幸いです。
                                                   以上
```

情報データ部分　（a〜c）
概要部分　（d〜k）
詳細部分　（l〜n）

　上の案内文は、大きく三つの部分に分けることができる。上から、情報データ部分、概要部分、詳細部分である。

情報データ部分には、a日付、b受取人、c差出人が含まれており、縦書きでは「後付け」とされていた部分にあたる。残りの概要部分、詳細部分についても、縦書きとの対応関係が認められ、それを表にまとめると次のようになる。

	横書きの記書き通信文		縦書きの旧来の手紙文	
情報データ部分	a日付／b受取人／c差出人		後付け	日付／差出人／受取人
概要部分	dタイトル		前　文	頭語／時候のあいさつ／安否のあいさつ／（感謝・おわびのことば）
	e頭語／f時候のあいさつ／g安否のあいさつ／（感謝・おわびのことば）			
	h起辞／i用件		主　文	起辞／用件
	j結びのあいさつ／k結語		末　文	結びのあいさつ／結語
詳細部分	l記／m箇条書きの項目			
	n追伸		副　文	追伸

　表からもわかるように、横書きの通信文にも、縦書きの手紙文のありようが受け継がれているのである。

◆ 横書きにおける敬意

　縦書きでは、たとえば受取人の名前は文書の上部に書き、自分の名前を下部に書いた。これは、相手の名前を上部に置くことで相手に対する敬意を示していた。横書きでもこの考え方が生きており、左側に受取人の名前を先に書いて、自分の名前は右側の後の方に書くのである。

◆ 基本形式の変形

　前ページに示したものは、横書きの最も基本的なもので、企業などでもよく見かける形式である。この基本的な形式に対して、記書き（詳細部分）のないものもある。内容の上で記書きにするほどのことがない場合には、情報データ部分と概要部分で構成される。また、上部に位置する情報データ部分を下にもってくる場合もある。学校関連の文書（たとえば、部活の連絡）や地域の文書（たとえば、防犯注意の文書）などに見られる。これは、情報データ部分を上部に置くと事務的なイメージがあるために、それを避けたいときなどになされる。

問題 ① あなたはZ大学の文学部国文学科の3年生です。先日、ある企業のインターンシップに参加したので、早速、次のようなお礼状を書きました。これを読んで、下の問いに答えなさい。

20△△年7月15日

京都出版株式会社
　総務部人事課
　　宮原康二様

　　　　　　　　　　Z大学文学部国文学科
　　　　　　　　　　　　　　相沢亜矢子

　　| 1 |

　盛夏の候、| 2 |ますますご隆盛のこととお喜び申し上げます。

　先日はインターンシップに参加させていただき、誠にありがとうございました。社員のみなさんが仕事に向き合う姿勢や熱意を肌で感じることができ、貴重な経験になりました。ひとつの出版物ができあがるまでに、企画前のリサーチから出版後のさまざまな分析まで、社員のひとりひとりが自分の業務に積極的に取り組み、全員で作り上げているのだと実感いたしました。また、それと同時に私自身にまだ甘さがあることを認識し、社会の厳しさを痛感いたしました。

　ご多忙中のところわざわざお時間を割いていただき、丁寧にご説明下さったことを本当にありがたく思っております。改めて| 3 |。また、インターンシップを終え、| 2 |で働きたいという思いをよりいっそう強くいたしました。

　| 4 |、| 2 |のますますのご発展をお祈り申し上げます。

　　　　　　　　　　　　　　　　　　| 5 |

34

問　空欄1～5に言葉を補ってお礼状を完成させます。1～5に入れるのに最も適切なものを、ア～ソのうちから一つずつ選んで、解答欄に記号を書きなさい。ただし、ア～ソは一度しか使えません。

ア　前略　　イ　謹啓　　ウ　拝復　　エ　早々　　オ　敬白
カ　拝答　　キ　貴社　　ク　弊社　　ケ　貴殿
コ　末筆ではございますが
サ　末尾になりますが
シ　最後にひとこと書かせていただきますが
ス　厚く御礼申し上げます
セ　誠にありがとうございました
ソ　深く御礼申し上げます

●解答欄●
1 □
2 □
3 □
4 □
5 □

解答　別冊11・12ページ

問題 ② あなたはA大学の合唱団に所属しており、渉外を担当しています。第50回定期演奏会を記念して、OB・OGとの合同ステージを行い、その指揮を初代指揮者の戸田先輩にお願いしようということになりました。合唱団の創設に尽力した戸田先輩は、今でも年に1、2度練習を聴きに来て指導もしてくれていますが、合唱にかける情熱は並々ならぬものがあり、とても厳しいため、一部の団員はこわがっています。

定期演奏会は12月18日（土）午後6時から、会場は大学内の50周年記念館、曲目はヘンデル作曲のメサイアの予定です。まだ5月なので演奏会は半年以上先の話ですが、もし指揮を引き受けてもらえるのなら、演奏会当日までに何日か練習にも参加してもらう必要があるため、早めに都合を聞くことにします。

戸田先輩に指揮をお願いする手紙を書きなさい。手紙は1行20字のマス目に横書きで必ず20行以上、30行以内で書くこと。句読点も1字として数えます。句読点が行頭にきたときは、前行末欄内または欄外にうってかまいません。なお、演奏会の日時、場所、曲目は記書きを用いて書きます。また件名、宛名、発送の日付、差出人である自分の名前は省略します。

●解答欄●

コラム

　実社会においては、手紙文で、自分または自分の関係者をどのように呼ぶのか、受取人または受取人の関係者をどのように呼ぶのかが重要な役割を果たす。呼称は、それぞれの関係に応じて適切に用いなくてはならない。

　以下、手紙文で現実によく使われているものの呼び方の例を示す。

	相手側	自分側
会　社	貴社　御社	当社　弊社　小社　我が社
商　店	御店　貴店	当店　弊店　小店
銀　行	御行　貴行	当行　弊行
団　体	貴会　貴協会　貴組合　貴委員会　貴事務所	当会　本会　当協会　本協会　当組合　本組合　本委員会　当委員会　当事務所
学　校	御校　貴校	当校　本校　本学　我が校
大　学	貴学　貴大学	本学　当大学　本大学
原　稿	玉稿	拙稿　小稿　愚稿
著作物	貴著　ご高著	拙著　小著　愚著
考　え	ご意見　貴説　ご高見　ご高説　お考え　ご卓見　ご趣旨　ご見識	私見　浅見　管見　卑見　愚見　私説　愚説　私考　愚考　私案
気持ち	ご厚情　ご芳情　ご厚志　ご芳志	寸志　微志　微意
推　察	ご高察　ご賢察　ご明察	愚察
名　前	貴名　ご芳名　ご尊名　ご高名	愚名
手　紙	貴書　貴簡　尊書　玉草　ご書状　ご書簡　ご書面　ご書信　ご芳書　御状	書状　書簡　愚書　愚筆　寸書　拙書

第5章
作成力(3)(考える力)

〈総合・論説文〉

　ここでは、2級としての論説文の書き方を学ぶ。
　2級の論説文は、準2級と形式は同じであるが、準2級以上に説得力や論理性を重視することになる。したがって、2級では、事実、意見、理由の関係においても、異なる意見に対する反論においても、論理的な記述が要求される。
　どういう点に気をつければ論理的で他人を説得する文章を書くことができるのかに留意して、練習問題に取り組んでほしい。

第5章 作成力(3)

解説 総合・論説文

◆ 2級の論説文の型

　2級の論説文でも、他の級と同じくテーマが示されて、その賛否や是非など二つの立場のうちの一方を選んで文章を書く。そして、2級で求められる論説文は、準2級と同じく、次の4段落構成が基本となっている。

> （1）　根拠となる事実（出来事・体験・知識）を述べる。
> （2）　意見を述べる。
> （3）　意見が正しいことを説明する。
> （4）　自分の意見とは異なる意見をとりあげ、それに反論する。

◆ 2級の論説文を作る手順

　テーマはたとえば「知らない高齢者に向かって、親しげにおじいちゃん、おばあちゃんと呼びかけることについて賛成か反対か」だとして、以下に説明する。
　自分の意見が、高齢者におじいちゃん、おばあちゃんと呼びかけることに賛成か反対かのどちらであるかが、すぐに決まる場合と決まらない場合がある。

（1）　意見がすぐに決まる場合
　①決めた自分の意見が正しいと言える理由を考える。
　②自分の意見と、理由を支えてくれる事実や体験を、ブレーン・ストーミングで探す。
　③自分の意見に反対の立場、あるいは、異なる立場からの意見を想像し、それに反論する論理を考える。
　④第1段落には②で考えたことを、第2段落には自分の意見を、第3段落には①で考えたことを、第4段落では③で考えたことを割り当てて、文章構成を作る。

（2）　意見がすぐに決まらない場合
　⑤テーマに関することについてブレーン・ストーミングをする。たとえば、高齢者に赤の他人がおじいちゃん、おばあちゃんと呼びかけることについて、見聞きしたことや思い付くことを箇条書きで書きだす。
　⑥ブレーン・ストーミングで書きだしたことを、「意見」「事実」「理由」になる項目として分類できないかと考えて整理する。
　⑦整理されたものを読み返して意見を決める。
　⑧この段階では意見が決まって、⑥で事実や理由となる材料の候補とした項目が整理されている。その候補の項目を参考にして、第1段落の事実は⑥から適切なものを選び、第2段落は⑦で決めたものにして、第3段落の理由は⑥から適切なものを選ぶ。
　⑨自分の意見（⑦で決めたもの）に反対の立場、あるいは、異なる立場からの意見を想

像し、それに反論する論理を考えて、それを第4段落で述べる。

● いい論説文である条件

いい論説文を書くためには、どのようなことに気をつければいいのだろうか。以下には、内容の上で大事なポイントを挙げておく。

（1）　**テーマに合った内容であること。**

　誤字がなくて、日本語表現としても完璧な文章であっても、課題のテーマからずれていては意味がない。2級ではテーマに関する小文が提示されていることがある。それを読んで、テーマの趣旨に合った文章を書くことが求められる。その意味で、その小文を読み取る読解力も必要である。

（2）　**第1段落の事実が、意見を支えるものであること。**

　第1段落にはテーマに関する事実を書くことになっている。その事実は、テーマに関係があればよいというものではなく、第2段落で述べる自分の意見を支えるものでなければならない。たとえば、「高齢者に赤の他人がおじいちゃん、おばあちゃんと呼びかけることに反対だ」という意見を述べようとするとき、第1段落に、「テレビ番組で、司会者がその番組に出場した高齢の人に向かって、おばあちゃんと呼びかけていた」という事実を述べても、それだけでは意味がない。呼びかけていたという事実だけでは、賛成にも反対にも直接結びつかないからである。

　もし、「その高齢者がその呼びかけに対して嫌な顔をしていた」という事実を述べるならば、自分の意見とかかわるので意味がある。

（3）　**第1段落の事実は、客観的な事実であること。**

　上の（2）で述べた「その高齢者がその呼びかけに対して嫌な顔をしていた」というのは、まだ十分だとは言えない。それは「嫌な顔をしていた」というのが、筆者が感じたことであり、客観的な事実とは言い難いからである。「その高齢者が司会者に、「おばあちゃんと呼ばないで」と言っていた」というなら、客観的な事実である。第1段落の事実が、意見を支えるのであいまいなものであってはならない。したがって、主観の入らない客観的な事実であることが求められるのである。

（4）　**第3段落、第4段落が論理的であること。**

　論説文は読む人を論理的に説得するための文章である。当然、論理的であることが重要である。「高齢者に赤の他人がおじいちゃん、おばあちゃんと呼びかけることに反対だ」という意見の理由が、たとえば「高齢者には実際に孫のいない人もいるから」というのではどうだろうか。今、テーマとして問題になっているのは、「親族でもないのに、高齢者に対して親しげにおじいちゃん、おばあちゃんと呼びかけること」なので、高齢者に孫がいるか、いないかはテーマと関係がない。このような非論理的な文章展開では説得力がなく、論説文として評価が低くなってしまう。

問題 1 次の1・2の空欄に当てはまる結論（書き手の考え）として最も適切なものを、ア〜ウのうちから一つずつ選んで、記号に〇をつけなさい。

1

> 現代人は時間にしばられ、時間に追われて生活しているといわれる。確かに、電車やバスの時間、テレビの番組、授業の時間など多くの事柄が時間を決めて進められており、このような現代社会で生きるには、日々時計を見ずに済ませることはできない。そのために、ストレスがたまり健康を害する人も少なくない。だからこそ（　　　　　）。

ア　現代社会において、ゆっくり、ゆったり、豊かに生きることを意味する「スローライフ」が提案され、「スローライフ」を送ることがいい意味でのぜいたくとされるのだと考える

イ　先進国である日本国民は時間厳守を実践し、開発途上国とされる国々の国民は時間にルーズな一面が見られると思う

ウ　私たちは「今このとき」という一瞬一瞬が輝いたものとなるような、充実した生き方をしなければならない

2

> 日本は春夏秋冬が明確な、四季の豊かな国である。季節の移ろいが昔からの日本文学や絵画などの芸術に反映され、「もののあはれ」「無常」といった価値観を生み、日本人の情緒を育んできたといえるだろう。（　　　　　）。なぜなら、そうすることで日本的な情緒を肌で知り、日本人らしい感性を受けついでいくことができるからだ。

ア　現代に生きる私たちも、季節の花を飾るなど季節の移り変わりを生活の中に取り入れていきたいものだ

イ　私たち現代人も、季節の移り変わりを無視することはできない

ウ　現代の日本人は、外国の文化と比較することによって、日本文化の背景にある四季の変化を実感することができる

▶解答　別冊14ページ

問題 2

次は「電車内のアナウンスは最小限でよい」という内容の論説文のアウトラインです。第4段落の空欄には、「異なる意見」とそれに対する「反論」が入ります。空欄に当てはまる内容の要旨として最も適切なものを、ア〜ウのうちから一つ選んで、記号に〇をつけなさい。

第1段落　事実を述べる

> 日本の都会の電車内では、駆け込み乗車をするな、優先座席付近では携帯電話の電源を切れ、という注意のアナウンスが何度も繰り返される。その割には、携帯電話の使用や駆け込み乗車はなくなっていない。

第2段落　意見を述べる

> うるさいだけで効果のないアナウンスはやめるべきだ。

第3段落　意見が正しい理由を説明する

> 車内放送の目的は乗客に情報を与えることだ。しかし次々とアナウンスが続くために、肝心の必要な情報を聞き漏らしてしまう可能性が高い。

第4段落　異なる意見をとりあげて、それに反論する

>

ア　注意して聞いていれば必要な情報を聞き漏らすことはないという意見もあるだろう。しかし、疲れていて集中力が途切れてしまうと、肝心の必要な情報を聞き漏らしてしまうことはあるだろう。そういう人への利便性を考えて、電車内では、何度も同じ内容を放送する方がよい。

イ　注意のアナウンスを聞いて駆け込み乗車をやめた人や携帯電話の電源を切る人を見たので、アナウンスは現状のまま繰り返すべきだという意見もあるだろう。そもそも、車内マナーはアナウンスがなくても当然守るべきもので、その注意喚起は車内放送の役割ではない。効果の少ない注意の車内放送はいらない。

ウ　確かに、注意のアナウンスが全く効果がないわけではない。しかし、ヨーロッパの鉄道ではほとんど放送が入らなかったが、土地の人はだれも困っていなかった。困っていたのは観光客だけだった。ヨーロッパの人にできることが日本人にできないわけはない。電車内でのアナウンスは最小限にしてもよい。

問題 ③ 「十代のころから人生の目標をもって生きるべきだ」という意見の是非について、あなたはどちらの立場ですか。どちらかの立場に立って、論説文を書きなさい。次の条件を守ること。

条件1　論説文は4段落で構成し、第1段落は「意見を支える事実」、第2段落は「意見」、第3段落は「意見が正しいことの説明」、第4段落は「異なる意見とそれへの反論」を書くこと。

条件2　1行20字のマス目に横書きで、必ず30行以上、40行以内で書くこと。句読点も1字として数える。句読点が行頭にきたときは、前行末欄内または欄外にうってよい。

テーマについて思いつくことを挙げてみましょう。
自分自身のこと、家族や友人のことなどを思い出してみましょう。

アウトライン作成用

■意見を支える事実 （出来事・体験・知識）

■意見

■意見が正しいことの説明

■異なる意見とそれへの反論
□異なる意見

□異なる意見への反論

●解答欄●

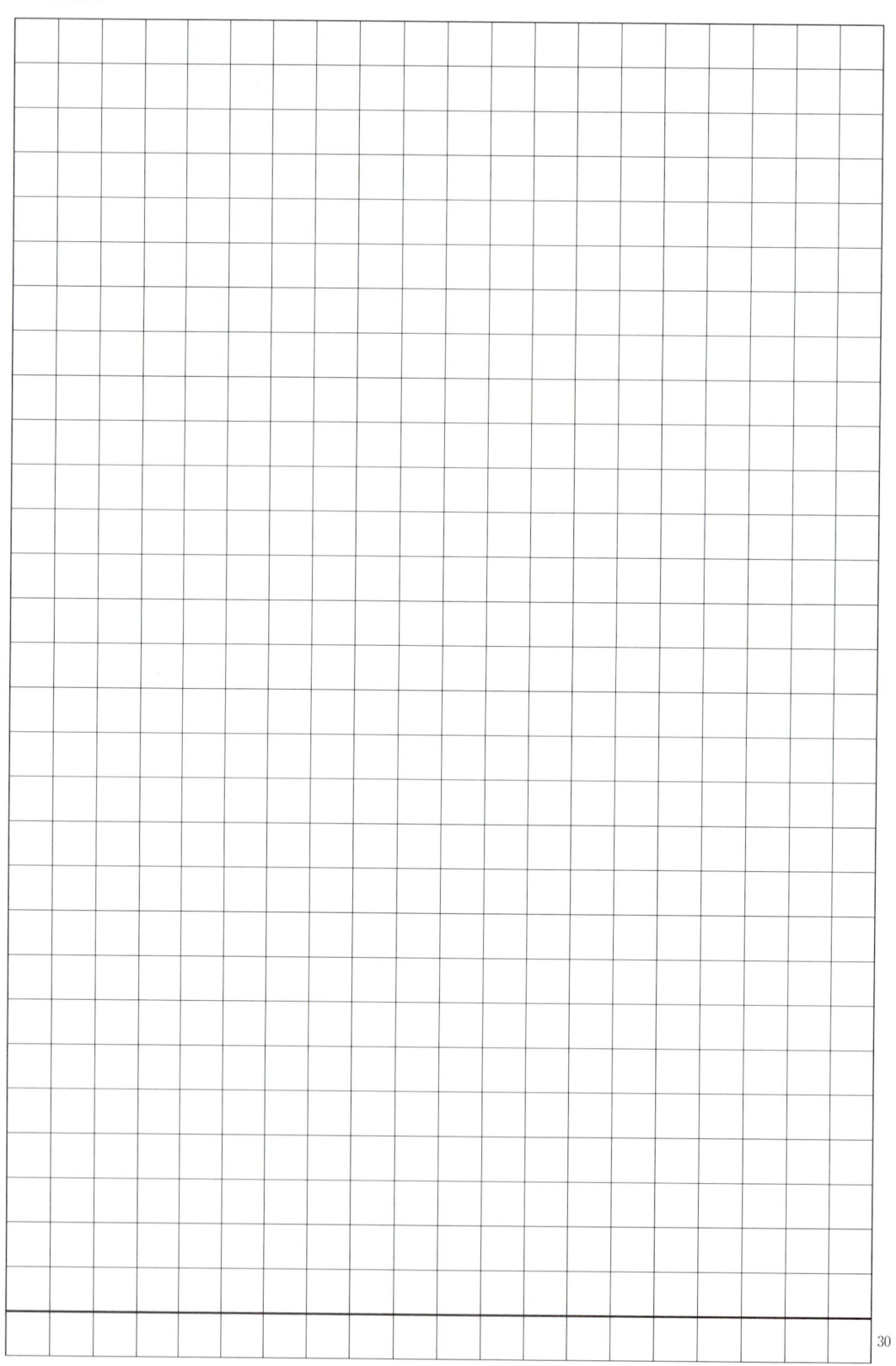

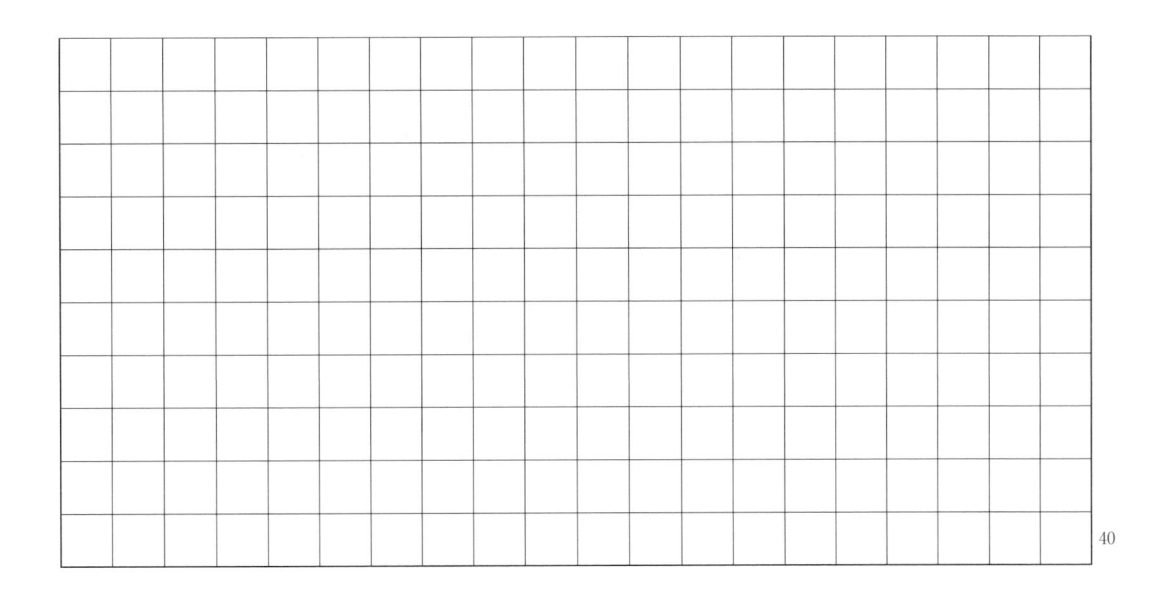

まとめ問題

第1問　**読解力**……50・51ページ
第2問　**読解力**……52・53ページ
第3問　**作成力**……54・55ページ
第4問　**作成力**……56〜59ページ

第1問 次の文章を読んで、下の問いに答えなさい。

　コンビニエンスストア（以下、コンビニ）の多くは年中無休で、かつ、長時間の営業を行っており、その名の通りコンビニエンス（便利なもの）である。都市部では、24時間営業の店舗も多く、コンビニは、今や私たちの生活になくてはならない基盤施設（インフラ）であるとも言えよう。

　普段、私たちは、自分が行きたいと思ったときに、時間を気にせず、必要な商品を買いに行くわけだが、では、実際には、24時間の中で、どのような時間帯に来店者が多くあり、またどのような商品が多く売れているのであろうか。ある店舗の1日における来店者数と、販売された商品について、時間帯別に調査した。下がそのデータをグラフに示したものである。

1日の来店者数と売上高に占める販売商品の割合

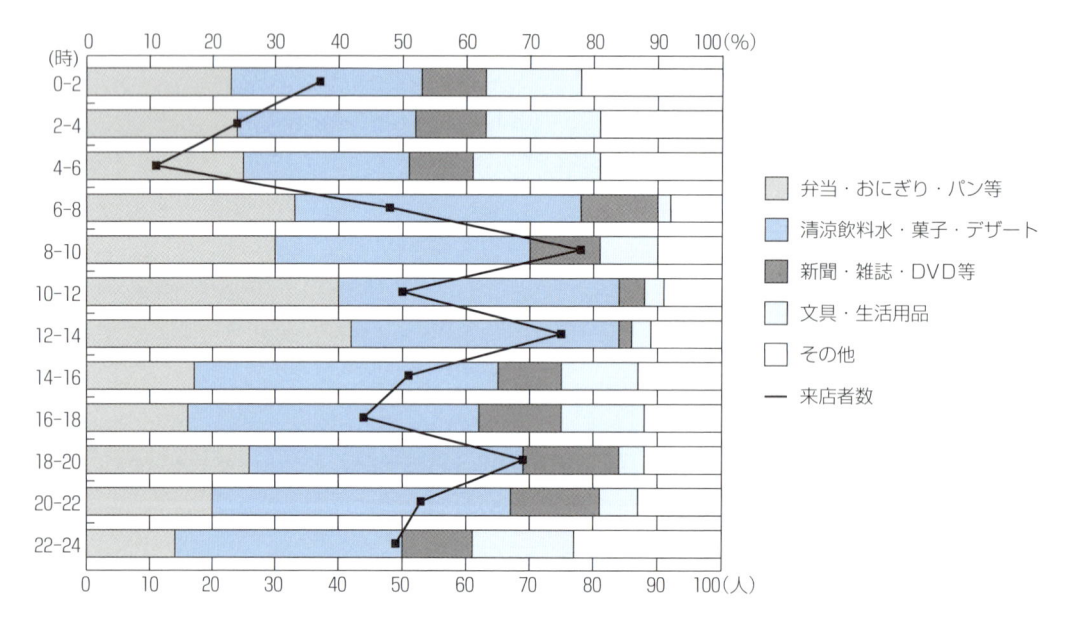

凡例：
- 弁当・おにぎり・パン等
- 清涼飲料水・菓子・デザート
- 新聞・雑誌・DVD等
- 文具・生活用品
- その他
- ― 来店者数

　折れ線グラフは、時間帯ごとの来店者数の変化を実数で表したものであり、帯グラフは、その時間帯において売上高に占める販売商品の割合を表している。まず、折れ線グラフから見てみよう。ここでは、来店者数が多くなる三つの時間帯があることが見てとれる。一つ目の山は、8時から10時の2時間である。これは、通勤や通学などの時間帯と重なっていると言え、通勤・通学途中にコンビニに立ち寄る客が多いことが推測される。二つ目の山は、12時から14時である。この時間帯は、会社や学校の休憩時間・昼休み時間と思われ、昼食を買い求める客が多くやってくるのであろう。三つ目は、18時から20時で、会社や学校から帰宅する時間とほぼ重なっている。これらのことから、出勤時や帰宅時、昼の休憩時間など、より多くの人が移動する時間帯に、それに比例して来店者数が多くなる傾向があると言えよう。

さて、次に、時間帯別にどのような商品が多く売れているのか、販売商品の割合を見てみよう。それぞれの時間帯における売上高を100とし、商品を「弁当・おにぎり・パン等」「清涼飲料水・菓子・デザート」「新聞・雑誌・DVD等」「文具・生活用品」「その他」の五つのグループに分類し、それぞれの割合を出したものである。グラフのデータから「弁当・おにぎり・パン等」と「清涼飲料水・菓子・デザート」の2項目の合算、つまり「食品」が、どの時間帯でも50％以上であることが分かる。さらに、この「食品」は、先に見たように来店者数が特に多い時間帯の一つである12時から14時の間には、売上高の80％を超えていることが確認できる。来店者数の多い時間帯は売上高自体が大きいと推測され、その中で大きな割合を占めるということは、「食品」の売上金額が大きいことを意味する。以上のことから、コンビニでは、「弁当・おにぎり・パン等」と「清涼飲料水・菓子・デザート」の2項目を合わせた「食品」がその主力販売商品であると言えよう。

問　次の文章はグラフの内容も含めて本文を要約したものです。空欄部分にあてはまる文章を補いなさい。解答は、1行22字のマス目に横書きで、必ず5行以上、7行以内で書きなさい。句読点も1字として数えます。句読点が行頭にきたときは、前行末欄内または欄外にうってかまいません。行数不足または行数超過の場合は採点の対象とならないので注意すること。なお、2桁以上の数字は1マスに2字入れてかまいません。

　年中無休で長時間営業のコンビニは、今や私たちの生活の基盤施設とも言える。
　実際には、24時間のうち、どの時間帯に来店者が多いのか、どのような商品が売れているのか。ある店舗の1日における来店者数と販売商品について時間帯別に調査した。
　来店者数のデータからは、三つの時間帯で来店者数が多くなることが分かる。

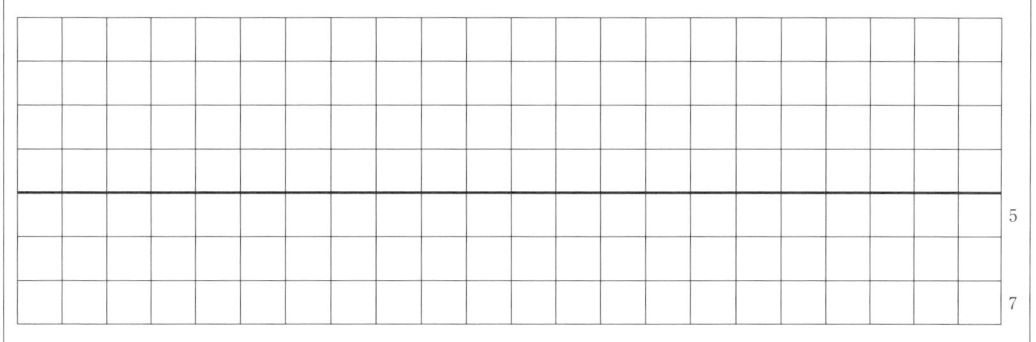

　次に、時間帯別に販売商品の売上高に対する割合を見る。商品を「弁当・おにぎり・パン等」「清涼飲料水・菓子・デザート」「新聞・雑誌・DVD等」「文具・生活用品」「その他」の五種類に分類した内、前から二つの項目の合算、つまり「食品」が、全時間帯で50％以上を占めている。さらに、「食品」は、来店者数が多い時間帯の12時から14時には、80％を超えている。これは「食品」の売上金額が大きいことを意味する。以上から、コンビニでは、「食品」がその主力販売商品であると言える。

第2問　次は、謝罪をするときに、メールを使うか、電話を使うかについて調べたレポートの構成表です。下の問い（問1・問2）に答えて、これを完成させなさい。

【レポートの構成表】

標題：謝罪場面における電話とメールの選択　―年代別に注目して―
[1]　調査のきっかけと目的

　　①　　　　　　　　　　　　（内容の数　1個　　※解答を1つ選択すること）

[2]　調査概要
[2.1]　調査方法

　　②　　　　　　　　　　　　（内容の数　1個　　※解答を1つ選択すること）

[2.2]　調査内容
　具体的な謝罪の場面を設定し、メールを使用するか、電話を使用するかを選択してもらう。また、その理由を選択肢から選んでもらう（複数回答可）。
[2.3]　③

　A：20代（調査者が所属する大学の大学生50人：男26人／女24人）
　B：40～50代（Aの父親か母親または両方50人：男22人／女28人）
　C：60代以上（Aの祖父か祖母または両方50人：男24人／女26人）

[3]　調査結果
[3.1]　どちらを選択したか（メール／電話）
　A：45人／5人　　B：13人／37人　　C：7人／43人
[3.2]　④

- A―メール：「メールが失礼だとは思わないから」という回答が8割強で最も多い。次に、「電話よりメールの方が気が楽だから」という回答が約6割である。
- B―電話：「メールだと軽い感じがして相手に失礼だから」が約8割、「電話で直接話さなければ誠意が伝わらないから」が約6割である。
- C―電話：「メールだと軽い感じがして相手に失礼だから」、「電話で直接話さなければ誠意が伝わらないから」がともに約8割である。

[4]　結果のまとめと解釈

　　⑤　　　　　　　　　　　　（内容の数　2個　　※解答を2つ選択すること）

問1　構成表中の［1］〜［4］は、レポートを構成する要素です。空欄③・④の見出しとして最も適切なものを、ア〜エのうちから一つずつ選んで、空欄に記号を書きなさい。ただし、ア〜エは一度しか使えません。

ア　選択の理由（複数回答。選択が多い方の理由のみ）　　イ　調査年齢
ウ　調査対象者　　　　　　　　　　エ　メールを選択した理由（年代別）

問2　空欄①・②・⑤で述べる内容として最も適切なものを、ア〜ケのうちから指定した数だけ選んで、空欄に記号を書きなさい。ただし、ア〜ケは一度しか使えません。

ア　アンケート調査による。調査対象者Aには手渡しで依頼し、その場で記入してもらう。同B・CにはAを通じて依頼・回収してもらう（使用したアンケート用紙は別添資料の通り）。

イ　メールで謝罪をする場合、どのような表現が使われているのかに興味があり、アンケート調査をしてみることにした。

ウ　A・B・Cのどの年代も、メールを使っている。このことから、メールでの謝罪は失礼だと認識しつつも、その手軽さから、ついメールで用件を済ませてしまう現代人の行動の一端をうかがい知ることができる。

エ　メールは非常に便利だが、使い方を誤れば、相手に誤解を与えてしまうこともある。そのようなメールでの謝罪が有効かどうか、アンケート調査を行い、年代による違いを明らかにすることを目的とする。

オ　Aは、メールの割合が非常に高く、B・Cでは、反対に電話の割合が高い。年代による選択の違いが確認できた。この違いは、メールに対する依存度や使用頻度に関係するのではないだろうか。

カ　アンケート調査を行う。20代から70代くらいまでを対象にデータを集める。各年代50名、計150名から回答を得た。

キ　新聞の投書欄でメールでの謝罪は失礼だという意見を読んだ。だが、大学生である調査者（私）は、メールでの謝罪は気にならない。そこで、メールと電話の選択について、年代別に違いがあるかどうかを調べる。また、選択の理由の一端を明らかにする。

ク　AとB・Cとでは、メールのとらえ方に隔たりがあることがわかる。Aは、物心がついたときにはメールが使える環境だったため、メールも電話も同等の通信手段として認識し、メールが失礼だという認識はないと考えられる。他方、B・Cは、電話が主流の時代を経験しているため、新しい通信手段のメールでの謝罪に抵抗感があるのではないか。

ケ　Aではメールの割合が高く、Cでは逆に電話の割合が高く、年代による受け取り方に違いがあることがわかった。また、選択の理由は、Aでは「メールが失礼だと思わない」が、Cでは「メールだと失礼だ」が最も多く選ばれている。メールが失礼かどうかというのがキーポイントになるのではないか。

第3問　あなたは、大学のアニメーション研究会「あにまにあーな」で会誌の編集を担当しています。研究会発足20周年を記念して、コメンテーターとして活躍しているOBの松上美章氏のエッセーを掲載する企画がもちあがり、執筆依頼の手紙の文案を作成しました。これを読んで、下の問いに答えなさい。

拝啓

　春暖の候、松上先輩お元気ですか？

　こんど、ぼくら「あにまにあーな」が20周年なので、会誌にコメンテーターとして活躍の先輩にエッセーを書いてもらいたいのです。

　800字くらいを1万円でどうでしょうか？マニアじゃなくても面白がるようなのにしてください。タイトルも好きにつけてください。原稿は10月10日までにもらえたらありがたいです！

　お忙しいとは思うのですが、原稿を書いていただけたらとてもうれしいのでぜひぜひお願いします。

　またあとで電話しますが、とりあえず手紙でお願いしました。

敬具

問　次の1～6に従って、文案を修正して解答欄に書きなさい。

1　誤字を書き改めること。
2　改まった手紙にふさわしい表現に書き改めること。
3　執筆の条件については、記書きを用いてわかりやすく示すこと。
4　断定的な表現や強引な表現を避けて、多忙な先輩への気づかいを示すこと。
5　1行22字のマス目に横書きで、必ず15行以上、25行以内で書くこと。句読点も1字として数える。句読点が行頭にきたときは、前行末欄内または欄外にうってよい。
6　件名・宛名・差出人である自分の名前・依頼書発送の日付は省略すること。

● 解答欄 ●

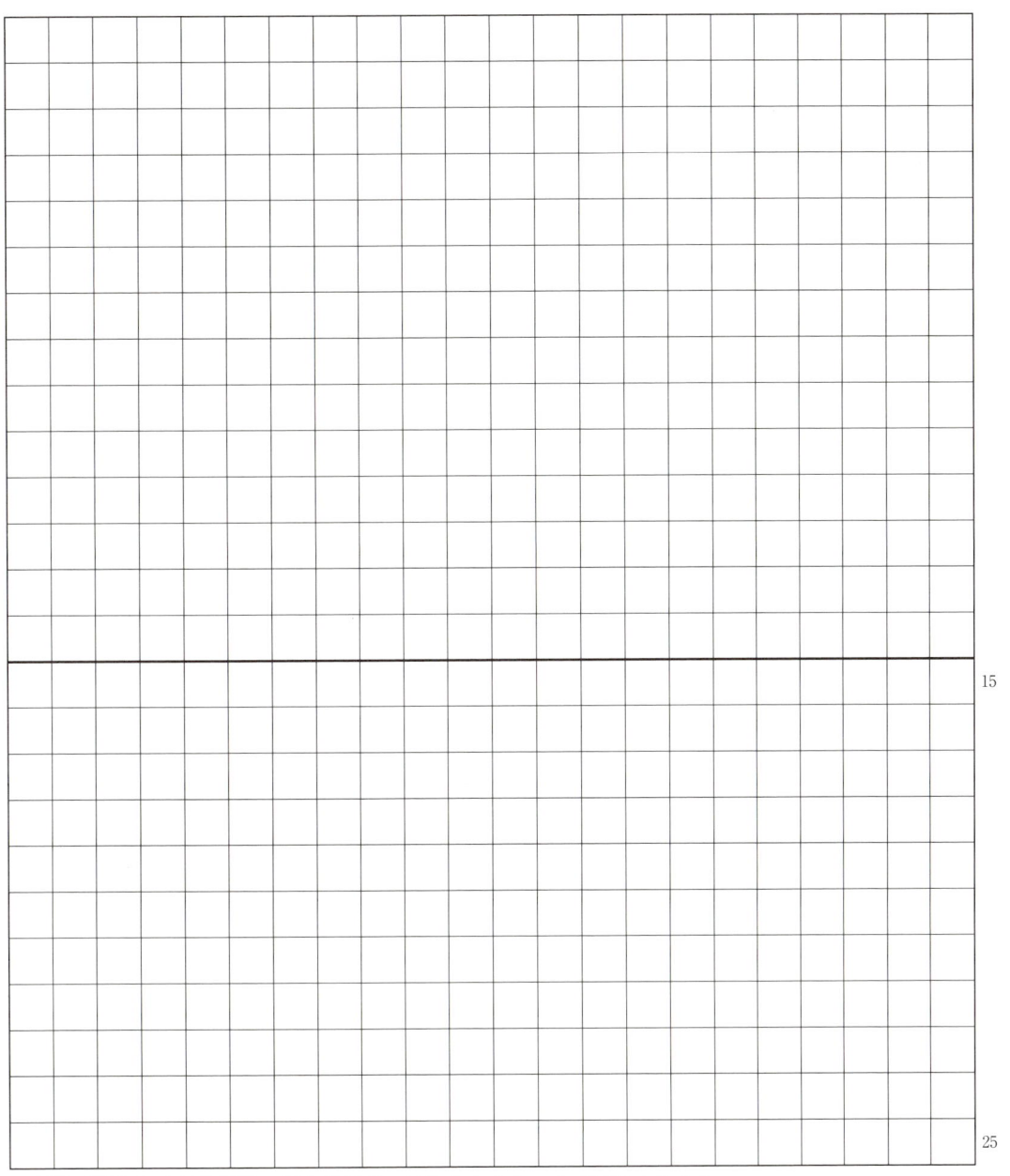

※行数不足または行数超過の場合は採点の対象とならないので注意すること。

▶ 解答 別冊21・22ページ

第4問 部活動などのスポーツを行うときの「結果よりも過程の方が大切である」という考え方の是非について、次の文章をふまえて、論説文を書きなさい。下の条件を守ること。

「オリンピックは参加することに意義がある」ということばがある。オリンピックに出場するために努力してきた過程が大切だということで、結果か過程かで考えれば、過程を重視していると言える。また、何かにトライして、その結果、失敗した友人に、「がんばってきたことは無駄ではない」と慰めることがある。これも、過程が大切だという考え方だろう。

他方、部活動の試合や大会では、優勝したりよい記録を出したりすると成績上位者として表彰される。また試合や大会の記録として名前が残る。これは過程ではなく結果が目に見える形で示され、評価されたものである。

部活動などのスポーツを行うときのことを改めて考えてみると、過程を重視する人、結果が大切だと考える人、どちらもいる。それぞれの立場でそれぞれの理屈がありそうだ。

条件1：論説文は次に示す順序で4つの段落に分けて書くこと。
　第1段落：部活動などのスポーツを行うときの「結果よりも過程の方が大切である」という考え方の是非に関連して、出来事やあなたの体験、知識を述べる。ただし、上の文章を要約・引用する必要はない。
　第2段落：あなたの意見を述べる。
　第3段落：意見の根拠を論理的に説明する。
　第4段落：第2段落の意見とは異なる意見をとりあげて、その意見が正しくないことを説明する。
条件2：1行22字のマス目に横書きで、必ず27行以上、34行以内で書くこと。句読点も1字として数える。句読点が行頭にきたときは、前行末欄内または欄外にうってよい。
　　　　※行数不足または行数超過の場合は採点の対象とならないので注意すること。

ブレーン・ストーミング用

アウトライン作成用

■意見を支える事実　（出来事・体験・知識）

■意見

■意見が正しいことの説明

■異なる意見とそれへの反論
□異なる意見

□異なる意見への反論

●解答欄●

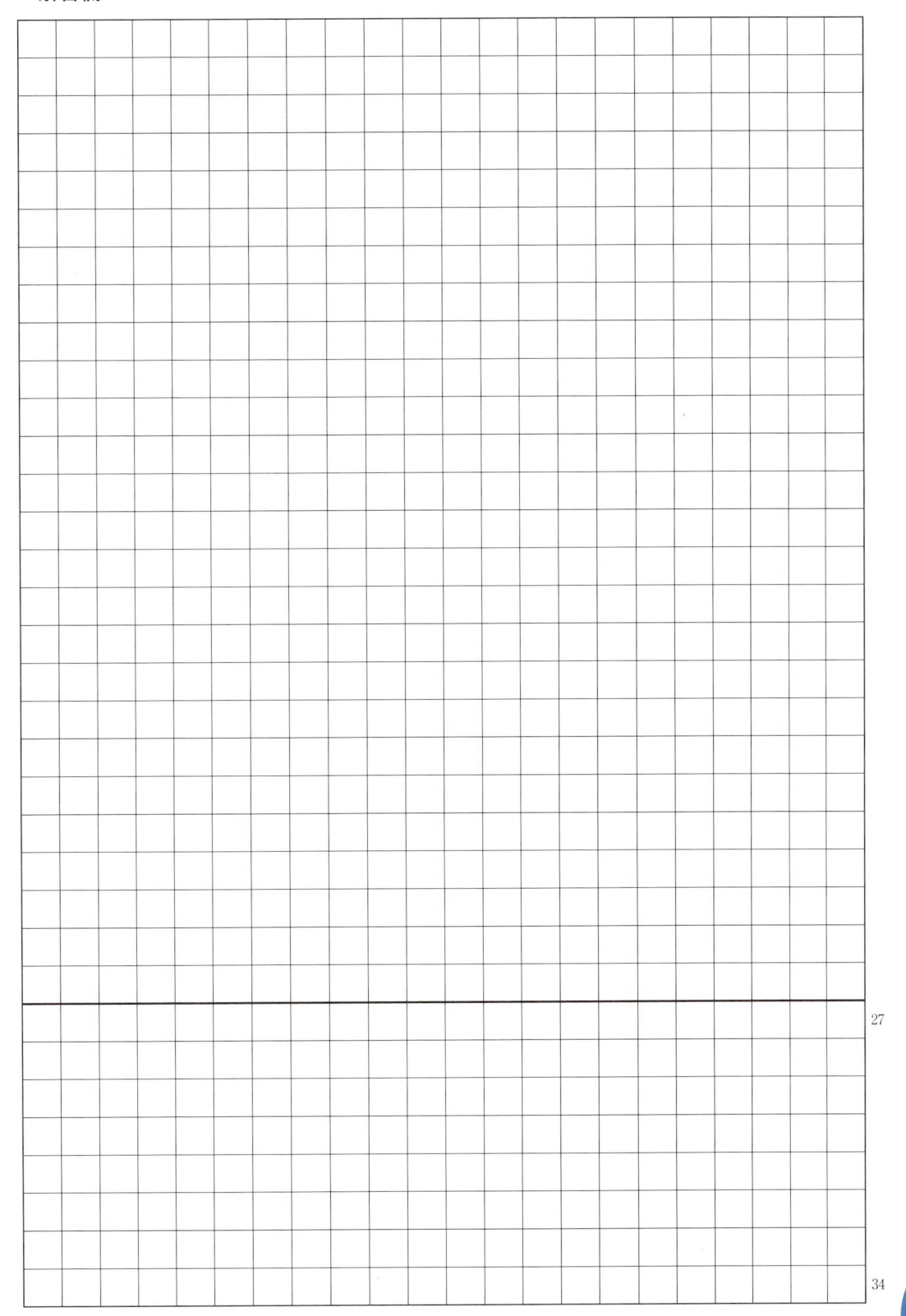

文章読解・作成能力検定とは

文章読解・作成能力検定の意義──他人と理解しあい社会に貢献するための力

　私たちは、日常、他人が発する情報を読み取り、自分の思いや考えを他人に伝えるということを頻繁に行っています。そんな中で、相手の言うことを誤解したり、自分の言いたいことを十分に伝えられなかったりすることが起こります。もし、そのコミュニケーションがうまく行えたら、とてもすばらしいと思いませんか。

　他人が書いた文章を的確に読み取り、それに対して的確に返信ができれば、幸せな社会に近づけるでしょう。それと同時に、そういうコミュニケーションができる自分に自信がもてるようになるはずです。

　他人の文章を読み取り、自分の文章を作成する能力は、人が生きていく上で大事なコミュニケーション能力と一致しているのです。文章を読解し文章を作成する能力を身につければ、他人と理解しあうことができて、社会に貢献できる人間になれるのです。

文章読解・作成能力検定のねらい──能力を測り、育てる検定

　本検定は、そのような文章読解・作成能力を個人がどの程度身につけているかについて級別の認定を行うことを目的としています。と同時に、その能力を人々がさらに高めることができるようにすることを目標としています。

　検定を受けることで、その能力をもっていることを確認・証明できるだけでなく、検定を受けるために学習していただくことを通して、文章読解・作成能力をどんどん高めていける仕組みにしています。

　文章読解・作成能力検定は、いわば、能力を「測る検定」であり「育てる検定」でもあるのです。

文章読解・作成能力検定で取り上げる力──基礎力・読解力・作成力

　本検定で測定し育てる力は、大きく分けて次の三つです。

　　（１）　日本語の基礎的な言語知識と運用能力（基礎力）
　　（２）　文章や資料を読解・情報処理する能力（読解力）
　　（３）　文章を作成するための思考力と表現力（作成力）

　基礎力は、文章を読み書きする上で必要な力で、日本語全般に通じる力でもあります。本検定では、特に語彙・文法を中心に出題されますが、それ以前に漢字や表記の

力を基礎力としてもっていることが前提になります。

　読解力は、本検定では、文章や資料（図表データを含む）を読解する力を中心に扱っています。自分が文章を作成するためには、他の人が発している情報の内容を正確に読み解き、送り手の意図や表現の構造まで分析して、それをもとに思考する力が必要になってきます。その能力を読解力と位置づけています。

　作成力は、書く材料をもとに文章を完成させるまでの過程にかかわる力を意味しています。材料をもとに内容を作り上げて構成する文章構成能力、それを具体的な表現と文字に展開する言語表現力、書いた文章を推敲する力すべてです。

　また、本検定では、実際の情報伝達や意見陳述文を作り上げる総合的な文章作成能力を重視しています。そのために通信文や意見文・論説文が出題されます。それは、これらが文章の読解・作成能力を的確に測定でき、能力を向上させるのに適した題材だからです。

▶日本漢字能力検定に合格された方に

　漢字能力は、文章読解・作成能力では基礎力に位置づけられます。基礎の中の基礎になる大事な力です。その力を文章読解・作成能力検定で生かされてはどうでしょうか。漢字は実際の文章で使われてその輝きを増します。本検定では、その関連性にも配慮しています。

文章読解・作成能力検定　審査基準

級のレベルと審査のポイント

　知的な言語活動のためには、言語知識、読解力、文章作成力の3つの要素が必要です。本検定では、この3要素に対して次の領域を設定して、それぞれの知識・能力を測定することを目的としています。

（1）　日本語の基礎的な言語知識と運用能力（基礎力）
（2）　文章や資料を読解・情報処理する能力（読解力）
（3）　文章を作成するための思考力と表現力（作成力）

　検定試験では、級を設定していますが、各級の程度（レベル）は、次の通りです。

級のレベル

級	4 級	3 級	準2級	2 級
程度（レベル）	読む・書く活動を円滑に行い、基礎的な知的言語活動を行うために必要な文章読解力及び文章作成力。	高校での積極的な理解・表現活動、知的言語活動のために、あるいは、実社会におけるコミュニケーション活動を行うために必要な文章読解力及び文章作成力。	より高度な学習を目指すために、あるいは、実社会での有効なコミュニケーションを実現するために必要な文章読解力及び文章作成力。	高等教育で高度な教養を主体的に身につけるために、あるいは、社会人として求められる文章作成を行うために必要な総合的な文章読解力及び文章作成力。

　検定試験の審査にあたっては、上記の3領域をさらに具体的な知識・能力に分類して、級ごとのポイントを次のように定めています。

審査のポイント

級		4 級	3 級	準2級	2 級
基礎力	語彙	漢検4級程度の語句の意味が理解でき、文脈に応じた語句を選別できること。	漢検3級程度の語句・慣用表現の意味が理解でき、文脈や意味に応じた語句・慣用表現を選別できること。	漢検準2級程度の語句・慣用表現の意味が理解でき、文脈や意味に応じた語句・慣用表現を選別できること。	漢検2級程度の語句・慣用表現の意味が理解でき、文脈や意味に応じた語句・慣用表現を選別できること。
	文法	文法的な意味や働きを理解できること。	表現において、文法的な違いが果たす意味・役割を理解できること。	表現において、文法的な違いが果たす意味・役割を理解できること。	表現において、文法的な違いが果たす意味・役割を理解できること。

級		4 級	3 級	準2級	2 級
読解力	意味内容	段落や文章の要旨を理解できること。	段落や文章の要旨を理解できること、及び、筆者の意図を理解できること。	段落や文章の要旨を理解できること、及び、筆者の意図を理解できること。	段落や文章の要旨を理解できること、及び、筆者の意図を理解できること。
	資料分析	資料が示す意味を理解できること。	資料から読み取れることを整理できること。	資料から読み取れる事実をもとに、考えを整理できること。	資料から読み取れる事実をもとに、考えを整理できること。
	文章構成	文章の中で文や段落が果たす役割を理解できること。	文章構成を把握し、筆者のねらいが理解できること。	文章構成を把握し、筆者のねらいが理解できること。	文章構成を把握し、筆者のねらいが理解できること。
作成力	構成	文や文章を構成する要素を正しく配列できること。	文章の材料や要素を、文章の目的に応じた構成に配列できること。	文章の材料や要素を、文章の目的に応じた構成に配列できること。	文章の目的に適した材料を選んで、それを効果的な構成に配列できること。
	表現	文法的・意味的に正しい文を書けること。／表記や文体に配慮できること。	文法的・意味的に正しい文を書けること。／敬語を正しく使えること。／表記や文体に配慮できること。	文法的・意味的に正しい文を書けること。／敬語を正しく使えること。／表記や文体に配慮できること。	効果的な表現法を使えること。／文法的・意味的に正しい文を書けること。／敬語を正しく使えること。／表記や文体に配慮できること。
	総合	「事実の報告」と「意見」との二つの部分によって意見文を作成できること。／日常、必要とされる通信文を、与えられた条件のもとで書けること。	「事実の報告」、「意見」、「意見の正しさの論証」の三つの部分によって意見文を作成できること。／日常、必要とされる通信文を、与えられた条件のもとで書けること。	「事実の報告」、「意見」、「意見の正しさの論証」、「異なる意見をあげて反論する」の四つの部分によって、論説文を作成できること。／さまざまな通信文を、与えられた条件のもとで書けること。	文章を読んで、課題を読み取り、「事実の報告」、「意見」、「意見の正しさの論証」、「異なる意見をあげて反論する」の四つの部分によって、論説文を作成できること。／さまざまな通信文を、与えられた条件のもとで書けること。

なお、出題に際しての漢字使用は、日本漢字能力検定（漢検）の級と合わせています。

■監修―佐竹秀雄（前 武庫川女子大学言語文化研究所長）
■制作協力―株式会社803

●「文章検」について詳しくはこちら●
【文章検ホームページ】
https://www.kanken.or.jp/bunshouken/

文章検　公式テキスト　2級

2023年2月1日　第1版第6刷　発行
編　者　公益財団法人 日本漢字能力検定協会
発行者　山崎　信夫
印刷所　三松堂株式会社

発行所　公益財団法人 日本漢字能力検定協会
〒605-0074 京都市東山区祇園町南側551番地
☎ (075)757-8600
ホームページ https://www.kanken.or.jp/
©The Japan Kanji Aptitude Testing Foundation 2012
Printed in Japan
ISBN978-4-89096-336-2　C0081

乱丁・落丁本はお取り替えいたします。
「文章読解・作成能力検定」、「文章検」ロゴ、
「漢検」、「漢検」ロゴは登録商標です。

本書の内容の一部あるいは全部を無断で複写複製（コピー）することは
著作権法上での例外を除き、禁じられています。

今後の出版事業に役立てたいと思いますので、下記URLの
アンケートにご協力ください。抽選で粗品をお送りします。
https://www.kanken.or.jp/bunshouken/textbook/official.html

スマートフォンからもアンケートにお答えいただけます。
左の二次元コードからアクセスしてください。

文章検
文章読解・作成能力検定

公式テキスト
2級

解答・解説 別冊

本体からはなしてお使いください。

公益財団法人 日本漢字能力検定協会

第1章 基礎力〈語彙・文法〉

問題 1

▶本冊 7 ページ

問1　正解以外の語句の意味は次の通りです。
ア　無記名…氏名を記さないこと。
オ　老衰…老年になり体の働きが衰えること。
カ　破裂…内部からの力などでやぶれること。
キ　抹殺…存在を認めず消してしまうこと。
ク　名無し…名前がないこと。

問2　正解以外の語句の意味は次の通りです。
イ　引導…正しい道に導くこと。
ウ　統治…主権者が国家をおさめること。
オ　烏合（うごう）…規律も統一もなく寄り集まること。
カ　一括…ひとつにくくること。
キ　誘引…さそいこむこと。

《解答》
問1　1　エ　　2　イ　　3　ウ　　4　ケ　　5　コ
問2　1　ケ　　2　コ　　3　エ　　4　ア　　5　ク

問題 2

▶本冊 8 ページ

1　面目を失う…世間に対する体面や名誉を損なう。
　　顔に泥を塗る…相手に恥をかかせ、名誉を汚す。
　　名を汚す…名誉・評判・地位を汚す。
2　天地無用…荷物の取り扱いで、上下を逆さまにするなという意味。
　　驚天動地…世間をひどく驚かせること。
　　天変地異…暴風、地震などの自然の異変、災害。
　　放火による大火事なので、イ「驚天動地」がふさわしい。
3　途方もない…とてつもない。
　　途方に暮れる…方法がなくて困り果てる。
　　去年のことなので、イ「途方に暮れてしまった」がふさわしい。
4　印象派の作品のようだがにせものなので、ウ「見せかけて」が正解。
5　敢行…困難を押し切って行うこと。
　　履行…約束や契約などを実行すること。

興行…芸能、スポーツなどを入場料をとって見せること。
猛反対を押し切って行われるので、ア「敢行」が最もふさわしい。

6 監視…警戒して見張ること。
仰視…あおぎ見ること。
巡視…巡回して見まわること。
天空を見ているので、イ「仰視」がふさわしい。

7 穏便…事を荒立てることなく、穏やかに取り扱う様子。
入念…十分に注意が行き届いている様子。
柔軟…考え方が一方に偏らないでさまざまなものに対処しうる様子。

8 胸をさする…痛みや怒りを抑える。
胸がすく…不愉快な気持ちが消えて、さっぱりする。
胸が裂ける…悲しくて心が裂けるような苦痛を感じる。
悪事を働いた人が逮捕されたことへのさっぱりした気持ちなので、イ「胸がすいた」が正解。

9 「知らぬ顔を決め込む」「しらばっくれる」「しらをきる」はいずれも「知らないふりをする」の意味。
明日のことなので、ウ「しらをきるつもりだ」がふさわしい。

10 究極…物事を推し進めた到達点。
極限…物事の限度ぎりぎりのところ。
極端…非常に偏っていること。
料理人を30年間してきた人の考えなので、ア「究極」がふさわしい。

《解答》
1 ア 2 イ 3 イ 4 ウ 5 ア 6 イ 7 ウ 8 イ 9 ウ 10 ア

問題 3 ▶本冊10ページ

1 副詞の呼応の誤り。「たとえ～ても（仮定表現）」とする。
2 主述の対応の誤り。文末に理由を表す言葉が必要。
3 格助詞の誤り。
4 やりもらいの誤り。話し手にとっての恩恵を述べているので「くれる」を用いる。
5 連用修飾語の誤り。「あたる」という動詞にかかるので、「つらい」を連用形にする。
6 連体修飾語の誤り。「分野」という名詞にかかるので、「幅広く」を連体形にする。
7 時制の誤り。
8 並立の一方の欠落。「～なり～なり」という形にする。
9 接続の誤り。
10 副詞の呼応の誤り。「まるで～ようだ」とする。

《解答例》
1　たとえ彼が今季限りで引退するといううわさが事実であったとしても、私はけっして認めたくありません。
2　サークルへの勧誘を断ったのは、多額の年会費がかかり、活動の実態もよく分からなかったからである。
3　単身赴任でシンガポールに住んでいる父に誘われて、昨年の夏休みに東南アジアの国々を一緒に旅してまわった。
4　彼女の繊細な歌詞とのびやかで透明感ある歌声が、就職活動に疲れた私の心をいつもいやしてくれたのです。
5　何かにつけて私につらくあたる先輩社員の態度に耐えかねて、思い切って上司に相談を持ちかけた。
6　今回の講演会には、本学の卒業生でありテレビのコメンテーターなど幅広い分野で活躍されている方をお招きする予定です。
7　ロケットに異常が起こったのは、発射されてから数十秒後、燃料タンクを本体から切り離した直後であった。
8　それはすでにあなたに差し上げてしまった本ですから、おもしろくなければ古書店に売るなりリサイクルに出すなりしてください。
9　配達されたピザは注文通りのものであったが、到着時間が約束の時間を20分近くもオーバーしていた。
10　今日の最高気温は30度を超えており、もう十月だというのにまるで真夏に戻ったようだ。

第2章　読解力〈意味内容・文章構成・資料分析〉

問題 1　　　　　　　　　　　　　　　　　　　　　　▶本冊14・15ページ

以下に、段落ごとの要旨をまとめておきます。

第1段落　歯周病の紹介
　歯周病は歯周組織が菌に感染した病気である。以前は歯槽膿漏といわれたものは、歯周病のひとつの症状に過ぎず、今は歯周病と呼ぶのが一般的だ。

第2段落　歯周病の症状
　初期は出血、歯茎の違和感くらいで自覚症状がほとんどない。病気が進行してから気づくことが多い。

第3段落　歯周病の原因と治療方法
　歯垢や歯石の細菌が炎症を起こす。治療法は歯垢や歯石の除去である。特に歯石は自分で取ることはできないので、歯科医に除去してもらうしかない。

第4段落　予防することが大切

この病気で最も重要なことは予防だ。正しい歯磨きで歯垢を除去するとともに、定期検診で歯石を除去してもらうとよい。

《解答例》
　歯周病の原因は、歯磨きの不足で付いた歯垢や歯石で、それらの細菌が炎症を起こす。治療法は歯科医に歯垢と歯石を取り除いてもらうことだ。特に歯石は自分で取ることはできない。

(84字)

問題 ②　　　　　　　　　　　　　　　　　　　▶本冊16・17ページ

問1
　レポートは、ある程度、型に当てはめて作成すると、何をどんな順序で書けばよいか、わかりやすくなります。調査目的、調査方法、調査結果、結果の考察を基本として、その時の調査内容によって応用させていくとよいでしょう。

問2
　一つの見出しには、その見出しに対応する内容だけをきちんと述べるようにします。例えば、調査対象と調査結果など複数の事柄を同じ項目で述べるのは、書き手にとっても書きにくく、読み手にとっても読みにくくなります。

《解答》
問1　①　B　　③　A　　⑥　E　　問2　②　エ　　④　ク　　⑤　カ　　⑦　ア

【レポートの構成表　全体構成】

標題：「〜っす」の分類について
1．調査のきっかけと目的
　アルバイト先の若い男性社員が「お疲れっす」と言うのに違和感を覚えた。気をつけてみると、色々な場面で「〜っす」という言い方を見聞きする。今回は、予備的調査として、どのような言葉に「〜っす」が使われているのか、データを集め、分類を試みる。
2．調査方法
2.1　調査対象
　今回は、ツイッターで使われている言葉を対象とする。
2.2　データの収集方法
　インターネットの検索エンジンで、「ツイッター」「Twitter」「っす」の3語を検索語として入力し、上位にランクインしたサイトから順に100語を集める。12月23日午前10時現在で、786万件がヒットした。
2.3　分類方法
　品詞別に整理する。

3．調査結果
- 名詞（固有名詞、代名詞を含む）につくもの
    例：バイトっす、これっすよ、○○（名前）っす　　など
- 動詞につくもの
    例：行くっす、食べるっす、寝るっす、するっす、いるっす　　など
- 形容詞につくもの
    例：楽しいっす、いいっすね、うれしいっすよ、ヤバイっす　　など
- 形容動詞につくもの
    例：大好きっす、元気っす、大丈夫っす、マジっすか　　など
- その他
    ・助動詞「です」「ます」が、「でっす」「まっす」になったもの
    ・副詞につくもの　例：キラキラっす、ゆっくりっす　　など
    ・挨拶時の言葉　例：「ちーっす」「お疲れ様っす」「あざーっす」　　など

4．結果の考察
　ほぼすべての品詞について使われていることがわかった。今回の調査では、特に、形容詞について使われている場合が多い印象をもったが、これについては、さらに調べる必要がある。

5．今後の課題
　今回は、予備的調査として、品詞別に分類するにとどまった。今後は、使用される場面（公的・私的）、使う相手（目上・目下）などについても調査を行いたい。

問題 3

▶本冊18・19ページ

　問題の文章は、体験談チラシに関してのレポートの概要となっています。この文章の内容を元にレポートを作成するとすれば、何をどういった順序で並べればよいか、型に当てはめて考えると分かりやすくなります。

　ここではA〜Fのそれぞれの文章が「調査目的」「調査方法」「調査結果」「結果についての考察」「今後の課題」のどれにあたるのかを考え、この順序に並べ直します。「調査結果」について述べているのはAとFですが、Fでまず収集したチラシの商品の種類が述べられています。Aでは体験談の文章構成を自分なりに解釈して説明しています。

《解答》
問1　A　ア　　B　イ　　C　エ　　D　ウ　　E　カ　　F　オ
問2　イ

全文

調査目的
　何か新しいことを始めたり、今まで買ったことがない物を購入したりする際には、他人の体験談を役立てることがある。例えば、インターネットの「お客様の声」「レビュー」といったコーナーや、体験談が掲載されている新聞チラシ（以下、「体験談チラシ」）である。では、体験談を述べる際には、一体どのような構成が有効と考えられ、使用されているのであろう。以下、新聞の「体験談チラシ」にはどのような商品のものがあり、また、体験談はどのように構成されているかについて調査した結果を報告する。

調査方法
　購読している新聞1種類（全国紙）と共に配達されるチラシ6か月分の中から「体験談チラシ」を選び出し、商品の種類と体験談の文章構成の2点についてデータを集めた。1枚のチラシに複数人の体験談が掲載されている場合は、すべての体験談をデータとした。

調査結果　①商品の種類
　収集したデータは、全344件である。最も多かったのは、健康系チラシに掲載された268件である。そのうち、ダイエット（食品）が130、美容（化粧品）46、加齢対策33、毛髪30、健康増進器具29であった。次いで、勉強系35、人生系15、その他26という結果である。健康系の商品が全体の約8割を占めている。

調査結果　②体験談の文章構成
　体験談の語られ方として最もよく見られたのは、内容が大きく四つの部分に分かれているパターンである。第1部で、過去の自分の状態を記述し、商品を購入する根拠を示す。第2部では、商品の効果について疑いが述べられるが、第3部で、第2部での疑いが覆され、明らかな効果があったことが述べられる。そして、第4部で、今後の期待と感謝の言葉が記される、という構成であった。

結果についての考察
　体験談チラシに健康系の商品が最も多いのは、新聞の主な購読層が40代～高齢者であることが大きく影響していると考えられる。また、体験談チラシの四部構成で重要なのは、おそらく第2部の「疑い」であろう。これは、体験談チラシの読み手にとっての疑いでもあるからだ。その疑いが、第3部で覆されることによって、購入の意思決定へのステップとなると考えられる。

今後の課題
　今回は、体験談チラシの文章構成に着目し、それを明らかにした。今後は、この構成が、インターネットの「レビュー」のような他の媒体にも当てはまるのかどうかを確認したい。また、体験談を述べる際の表現には特有のものがあるのかという点についても調査したい。

問題 4

▶ 本冊22・23ページ

問1
ア　日曜日は男性の割合が高いので誤り。
ウ　平日の方が高いので誤り。

問2
ア　「レポート作成の動機」として述べるべき内容。
エ　「調査の方針」において述べるべき内容。

問3
ア　土曜日のデータだけでは、「若者のテレビ離れ」が起こっているかどうかはわからないので不適切。
ウ　若者に人気のあるテレビ番組はわかるが、テレビの視聴時間の増減はわからないので不適切。

《解答》
問1　イ・エ　　問2　イ・ウ　　問3　イ

問題 5

▶ 本冊24ページ

図の内容を読み取る問題です。
2　「学費は短大の約3割と安い。」「職業専門校よりも幅広いカリキュラムが提供される。」という情報から、短大と職業専門校ではないことがわかる。

《解答》
1　ミドル・スクール　　2　コミュニティ・カレッジ

第3章　作成力(1)〈表現〉

問題 1

▶ 本冊27ページ

◎横書きの場合の原則
　横書きの場合、アラビア数字（算用数字）を用いるのが原則です。桁数が多い数字をパソコンなどで入力する場合は、全角ではなく半角を使う方が見やすくなります。重さや温度などの単位については、この問題では「ワサビ2.5g」とあるので、それに合わせて記号を用います。

◎例外

熟語や慣用句などに数字が用いられている場合は、横書きであっても、アラビア数字に直すのは間違いです。漢字で表しましょう。

《解答》
十人十色　一方　一方　25℃　50時間　15日　30日　2mm

問題 ②

▶本冊28ページ

1〜4は必要な情報が欠けています。意味がわかるように、言葉を補う問題です。
1　血液における「ナニノ」違いかがわからないので「ク　遺伝形質の」を補う。
2　「ドノヨウナ」四つの型に分類されるのかがわからないので「イ　A、B、O、ABの」を補う。
3　「ナニニツイテ」異なるのかがわからないので「キ　地域や民族によって」を補う。
4　「ドノ」地域や民族の話なのかがわからないので「エ　日本国民における」を補う。

《解答》
1　ク　　2　イ　　3　キ　　4　エ

全文

　血液型とは血液における遺伝形質の（ク）違いによって、さまざまに区別される型ないしはその分類形式をいう。その一種であるABO式血液型では、人間の血液型をA、B、O、ABの（イ）四つの型に分類する。この四つの型の分布が、どのような割合になっているかは、地域や民族によって（キ）大きく異なるという。日本国民における（エ）ABO式血液型の分布は、A型が約40％と最も多く、次いでO型が約30％、B型が約20％、AB型が約10％となっている。オランダでは、O型が約45％、A型が約43％、B型が約9％、AB型が約3％、インディオでは90％以上がO型という調査結果がある。

問題 ③

▶本冊29ページ

文章を推敲する問題です。1〜4の誤りの箇所を正しく訂正します。

《解答》
1　じゃなくて　→　ではなくて
2　動かさしてやる　→　動かしてやる
3　さらに　→　しかし／ところが
4　消費されて　→　消費させて／消費して

> **全文**
>
> 　減量に運動が効果的だということは言うまでもない。ところが、「ずっとスポーツを続けているけれど、いっこうに体重が減らない」と嘆く人がいる。実は、運動には、減量に適したものと適さないものとがある。
>
> 　減量とは、一般的に皮下脂肪を落とすことを言う。皮下脂肪を落とすためには、持続的に緩やかに筋肉を<u>動かしてやる（2）</u>ことが必要である。運動によって心臓が刺激を受けて血行がよくなり、その結果、筋肉に酸素が多く届けられ、より多くの皮下脂肪が燃焼される。
>
> 　<u>しかし（3）</u>、筋肉に激しい刺激を与えるハードな運動は、皮下脂肪を燃焼させる<u>のではなくて（1）</u>、エネルギー源のグリコーゲンを<u>消費させて（4）</u>しまう。皮下脂肪の燃焼に結びつかないため、いつまでたっても体重が減らないわけだ。

問題 ④

▶本冊30ページ

1　（段落）について

　第2段落はまず「2人の考え方の違いの分析」がなされ、その後Bさんのような考え方がおもしろいのだと、柔軟な思考の重要性が一般化されている。第2段落には二つの内容が含まれている。そこで、原文の第2段落を二つに分けて後半の一般化されている部分を第3段落とする。

2　（長文）について

　「このように」以下が長い。この文は

　　　A＝このように問題を違う角度から眺めることによって、おもしろい考えが生まれる
　　　B＝型にはまった考えに陥りやすい私たちには決して容易ではない

とおくと、「AということBなことがある」という構造に整理できる。これを二つに分けると、

　　　Aということがある。それはBだ。

になる。つまり、

　　　このように問題を違う角度から眺めることによっておもしろい考えが生まれるということがある。それは、型にはまった考えに陥りやすい私たちには決して容易ではない。

となる。後は接続詞を補って自然な流れにする。接続詞は「しかし」でもよい。

3　（書きことばとして不適切な話しことば）について

　「なので」は近年、話しことばでよく使われているが、書きことばとしてはふさわしくない。「だから」「したがって」などと修正する。

4　（誤字、現代仮名遣いの誤り、送り仮名の付け方の誤り）について

　「最期」→「最後」：同音異義語

　「少い」→「少ない」：送り仮名

　「負って」→「追って」：同訓異字

　「型どうり」→「型どおり」：現代仮名遣い（「型通り」と修正してもよい）

5　（文体）について

　全体がデアル体なのに、「いわば正攻法です」とデスマス体が使われている。

《解答例》

　「16チームでトーナメントを行うとき、優勝決定まで何試合行われるか。ただし、引き分けはないものとする」という問題があった。これに対してAさんは次のように考えた。まず2チームずつ対を作る。これで8試合をし、次にその勝者で4試合をする。さらにその勝者4チームで2試合を行い、最後（4-1）に決勝戦を行う。そこで、それらの試合数の8、4、2、1を足して答えは15試合になる。他方、Bさんの考え方はこうだ。トーナメントは1試合ごとに必ず1チームが消える。だから（3）、優勝チームだけが残るには、参加チーム数より一つだけ少ない（4-2）試合数が必要になる。つまり、16引く1で15試合になる。

　Bさんの計算方法の方が簡単だが、両者の違いはトーナメントのとらえ方にある。Aさんは「優勝チームが勝ち残る」までの順序を追って（4-3）考える、いわば正攻法である（5）。他方、Bさんは「1試合で1チームが負けて消える」ものととらえている。こちらは問題を裏返して眺めている。

　このように問題を違う角度から眺めることによっておもしろい考えが生まれることがある。ただし、それは、型にはまった考えに陥りやすい私たちには決して容易ではない（2）。それはともかく、型どおり（4-4）の思考法からは、柔軟な考えや独創的なアイデアは生まれないのである。

第4章 作成力(2)〈総合・通信文〉

問題 1

▶本冊34・35ページ

○横書きの手紙文の形式に対応させて、空欄に入れる内容を考えましょう。
○企業宛ての手紙でよく使われる表現にも注意しましょう。

1　実際の文章では、1を「拝啓」、5を「敬具」とすることもある。ここでは、「謹啓」や「敬白」という語の使い方を知ってもらうために出題している。

3　「御礼」には、「深く」ではなく、「厚く」を用いる。「おわび」であれば「深く」となる。

《解答》
1　イ　　2　キ　　3　ス　　4　コ　　5　オ

|全文|

20△△年7月15日

京都出版株式会社
　　総務部人事課
　　　　宮原康二様

　　　　　　　　　　　　　　　　　　　　　Ｚ大学文学部国文学科
　　　　　　　　　　　　　　　　　　　　　　　　　相沢亜矢子

|謹啓|
　盛夏の候、|貴社|ますますご隆盛のこととお喜び申し上げます。
　先日はインターンシップに参加させていただき、誠にありがとうございました。社員のみなさんが仕事に向き合う姿勢や熱意を肌で感じることができ、貴重な経験になりました。ひとつの出版物ができあがるまでに、企画前のリサーチから出版後のさまざまな分析まで、社員のひとりひとりが自分の業務に積極的に取り組み、全員で作り上げているのだと実感いたしました。また、それと同時に私自身にまだ甘さがあることを認識し、社会の厳しさを痛感いたしました。
　ご多忙中のところわざわざお時間を割いていただき、丁寧にご説明下さったことを本当にありがたく思っております。改めて|厚く御礼申し上げます|。また、インターンシップを終え、|貴社|で働きたいという思いをよりいっそう強くいたしました。
　|末筆ではございますが|、|貴社|のますますのご発展をお祈り申し上げます。

　　　　　　　　　　　　　　　　　　　　　　　　　　　　　|敬白|

問題 ②

▶本冊36・37ページ

○問題文から必要な項目を読み取り、内容を満たすように書くこと。
○戸田先輩が、一部の団員からこわがられていることは書くべきではありません。
○手紙にふさわしい文体で、誤った語句の使い方や誤字がないように注意します。

　次のチェックリストで自分の文章を確認しましょう。
【チェックリスト】
　□頭語・結語が正しい位置にあるか
　□時候のあいさつ、安否のあいさつが書かれているか

☐お願いにいたった事情の説明が書かれているか
☐お願いの言葉があるか
☐演奏会当日までに練習があることを書いているか
☐詳細部分は記書きを使っているか
☐演奏会の日時、場所、曲目が記書きに書かれているか
☐適切な敬語を使っているか
☐デスマス体とデアル体を混ぜて書いていないか
☐誤字・脱字はないか
☐文法的な誤りやおかしな表現はないか
☐表記の欠点（句点がない／段落を改行していない）はないか

〔作成例〕

拝啓

　風薫る季節となりました。戸田様におかれましてはお変わりございませんでしょうか。

　このたび、Ａ大学合唱団の第50回定期演奏会を下記のとおり開催することとなりました。これを記念してＯＢ・ＯＧの先輩方との合同ステージを行う予定です。つきましては合同ステージの指揮を初代指揮者の戸田様にお願いできないかと考えております。

　突然のお願いで大変恐縮ですが、指揮をお引き受けいただけないでしょうか。第50回定期演奏会に向けて団員一同練習に励んでおります。日頃より熱心にご指導くださる戸田様に、なにとぞお力添えいただきたく、お願い申し上げる次第です。

　なお、お引き受けいただける場合は、演奏会当日までに練習にもご参加いただきたいと存じますので、あわせてお願い申し上げます。

　　　　　　　　　　　　　　敬具

　　　　　　　記

　　日時：12月18日（土）午後6時〜
　　会場：Ａ大学　50周年記念館
　　曲目：ヘンデル作曲『メサイア』
　　　　　　　　　　　　　以上

（20字×24行）

第5章 作成力(3)〈総合・論説文〉

問題 ①
▶ 本冊42ページ

1
イ 「先進国」「開発途上国」「時間厳守」「時間にルーズ」という観点は、直前までの文脈から飛躍しており、結論として不適切。
ウ 「現代人は時間（時計）に追われて生活している」という内容との間に飛躍が見られる。「時間にしばられているから、充実した生き方をすべきだ」と言い換えると、飛躍が明確になる。ウを結論とするためには、空欄部分の前に何らかの説明を加える必要がある。

2
イ 空欄の前の部分に続く内容としては誤りとは言えないが、その後の部分につながらないため、不適切。
ウ 後に続く「そうすることで」の意味がわからなくなる。たとえ、それを「外国の文化と比較することで」と解釈しても、日本的な情緒を「肌で知る」とつながらないので、不適切。

《解答》
1 ア　2 ア

問題 ②
▶ 本冊43ページ

ア 「反論」が「異なる意見（注意して聞いていれば必要な情報を聞き漏らすことはない）」の反論ではなく、「自分の意見（うるさいだけで効果のないアナウンスはやめるべきだ）」の反論になっているため、不適切。
ウ 異なる意見は「アナウンスも少しは効果がある」ということなので、それに対する反論は「効果があってもやめるほうがいい」と述べるべきである。ところが、述べられているヨーロッパの例は、観光客たちがアナウンスがなくて困っていたというもので、効果があった話でもなければ、やめて問題がなかったという話でもなく、反論になっていない。

《解答》
イ

問題 ③
▶ 本冊44〜47ページ

第1段落の「事実」では、「意見の理由」や「異なる意見への反論」が反映されるような事柄を述べるとよいでしょう。現実に自分が経験したことでなくとも、ある程度の想像や創造で書いてかまいません。次のチェックリストで自分の文章を確認しましょう。

【チェックリスト】
□四つの段落に分けているか
□第１段落には、出来事・体験・知識だけを書いているか
□第２段落に意見を書いているか
□第３段落で意見が正しいことを説明しているか
□第４段落で異なる意見をとりあげ、それに反論しているか
□根拠となる事実は意見を支えているか
□根拠となる事実は具体的に述べているか
□意見は明確か
□意見が正しいことを筋道立てて説明しているか
□異なる意見は明確か
□異なる意見への反論は十分に説明しているか
□デスマス体とデアル体を混ぜて書いていないか
□誤字・脱字はないか
□文法的な誤りやおかしな表現はないか
□表記の欠点（句点がない／段落を改行していない）はないか

〔作成例１〕

　私は昔から、喫茶店を経営することを人生の目標とし、中学まではその目標に向けてコーヒーや紅茶、料理の技術や知識を深めようと努力してきた。高校生になってからは自営業を営むには経済の仕組みや広告戦略も知るべきだと考え、大学は経済学部に進んだ。さらには、店舗の内装やメニュー表にはデザイン性も必要であると思い、大学と並行してデザイン系の専門学校に通うことも考えている。日常生活では、友人や知人との付き合いの中でコミュニケーション能力を磨こうと心がけたり、接客や経営のノウハウを学ぶため、喫茶店でのアルバイトをしたりもしている。
　このような生活の中では見るもの聞くものすべてが学びの材料となり、毎日がとても充実している。私は、十代のうちから将来の目標をもって生きるべきだと思う。
　人生は一度きりであり、過ぎた時間は二度とやり直しがきかない。その中でも十代とい

う時間は物事を吸収することができる、最も柔軟な時期だと思う。だから、十代の一瞬一瞬を決して無駄にしてはいけない。この時期に将来の目標があれば、その目標を実現するために今何をすべきかを考え、必要だと判断した物事について主体的、積極的に取り組めるのだ。それは、自分の人生を、自分の意志で生きているという実感につながる。仮に目標が実現されなかったとしても、そうした充実感は人生の得難い経験になるだろう。

　将来の目標を定めていると、その目標以外のことに目が向かず、視野が狭い生き方しかできなくなるという意見もある。しかし、私が喫茶店の経営や接客に関心が向いたことからもわかるように、目標があるからこそ、その目標を達成し成功させるためにあらゆる分野に目を向けようという積極性が生まれる。また、どの分野の中にも目標と結びつく要素を発見し、身に付けようと努力する意欲が生まれる。だから、十代のうちから目標をもって生きるべきなのだ。　　（20字×40行）

〔作成例2〕
　私の両親は二人とも小学校の教師だった。そのため、私も小さい頃から自分も教師になるのだろうと思い、実際に小学校の教師となった。しかし子供たちと毎日接するようになって初めて「自分は教師に向いていない」という思いを抱いた。突き詰めて考えると「自分は子供が好きではない」という結論に達してしまい、結局一年で教師を辞めた。今はコンピューター関連の会社で働いている。教育とも子供とも無関係だが、何かを人に説明したり教えたりするときには「説明がうまい」と言われ、教師になるための勉強も無駄ではなかったかと苦笑することがある。

　十代のうちから人生の目標をもって生きる

べきだという考え方があるが、私はそうは思わない。若い頃は、むしろ目標を定めないほうがよい。

　十代は人格の形成期である。自分の性格や価値観もまだ定まらず、周囲の意見や好悪の感情に流されやすい時期だといえる。この時期には、自分に何が向いていて、何がしたいかを冷静かつ客観的に判断することが難しい。そんな状態で将来の目標を決めてしまうのは危険であり、最終的に失敗する選択をすることもあり得る。まだ人生の始まりに過ぎない十代のうちは、様々な経験を積んで将来への可能性を広げる時期だと捉えるべきだ。

　目標がなければ、貴重な十代をいい加減にしか生きられないという人もいる。しかしある生き方をいい加減とするか否かは、未来の自分がふり返って決めることだ。学生時代は遊び歩いていたとしても、その経験が後の仕事に生かされていれば、その十代の時間がいい加減で無駄なものだったとは決していえない。三十代、四十代の自分を想定して十代を過ごすよりも、十代の経験の上に積み重なる三十代、四十代の自分を作り上げていく方が、自分の適性や価値観に合った生き方を選べる。したがって、十代のうちから目標を定めない方がよいといえる。　　（20字×40行）

まとめ問題

第1問
▶本冊50・51ページ

　コンビニエンスストア（以下、コンビニ）の時間帯ごとの来店者数と売上高に占める販売商品の割合とを題材にした問題です。グラフの縦軸は、0時から24時まで2時間ごとの時間軸です。上の横軸には、百分率で販売商品割合を示しています。下の横軸には、来店者の実数を示しています。時間帯ごとに、来店者数を折れ線グラフで、販売商品割合を帯グラフで示した複合グラフとなっています。

　要約するのは、第3段落の折れ線グラフを説明した部分です。要約文の内容には、次の4項目が必須です。

- 一つ目は、8時から10時で通勤・通学の時間と重なっている。
- 二つ目は12時から14時で、休憩時間・昼休み時間と思われる。
- 三つ目は18時から20時で、帰宅時間とほぼ重なる。
- これらのことから、人が移動する時間帯に来店者数がより多くなる傾向があると言える。

　要約するには、まず、内容を構成する上で重要な情報部分と、付加的な情報部分とを見分けることが必要です。重要な部分に下線を引いてみます。

　　<u>一つ目の山は、8時から10時の2時間である。これは、通勤や通学などの時間帯と重なっている</u>と言え、通勤・通学途中にコンビニに立ち寄る客が多いことが推測される。<u>二つ目の山は、12時から14時である。この時間帯は、会社や学校の休憩時間・昼休み時間と思われ</u>、昼食を買い求める客が多くやってくるのであろう。<u>三つ目は、18時から20時で、会社や学校から帰宅する時間とほぼ重なっている</u>。これらのことから、出勤時や帰宅時、昼の休憩時間など、<u>より多くの人が移動する時間帯に、それに比例して来店者数が多くなる傾向があると言え</u>よう。

　次に、下線部分をさらに整理します。例えば、具体的であるためにそれがなくてもいい部分や、意味の上で重複していて削除しても意味が通じる部分などを削ります。そして、全体として文脈が通じるように手入れをします。

> 《解答例》
> 　一つ目は、8時から10時で、通勤・通学の時間帯と重なっている。二つ目は12時から14時で、休憩時間・昼休み時間と思われる。三つ目は18時から20時で、帰宅時間と重なる。これらから、より多くの人が移動する時間帯に来店者数が多くなる傾向があると言える。
> 　　　　　　　　　　　　　　（22字×6行）

第2問
▶本冊52・53ページ

「謝罪場面における電話とメールの選択―年代別に注目して―」という標題が示され、見出し（ア〜エ）と内容項目（ア〜ケ）とが示されています。

まず、［2.3］［3.2］にあてはまる小見出しを考えます。

［2.3］……候補としてイとウがある。調査の対象者について説明しているのでウが適切。ここでは属性・人数についても述べられており、イは［2.3］の見出しとして、内容と一致していない。

［3.2］……候補としてアとエがある。メールか電話かの多い方について選択の理由を述べているのでアが適切。エはメールを選択した理由に限定しているので不適切。

次に、構成要素の内容として、「［1］ 調査のきっかけと目的」「［2.1］ 調査方法」「［4］ 結果のまとめと解釈」の三つにあてはまるものを選びます。ア〜ケの内容を読み取ると、次のようになります。

ア 調査方法　　　　　　イ 調査のきっかけと調査方法　　ウ 結果のまとめと解釈
エ 調査のきっかけと目的　オ 結果のまとめと解釈　　　　　カ 調査方法
キ 調査のきっかけと目的　ク 結果のまとめと解釈　　　　　ケ 結果のまとめと解釈

これらを［1］、［2.1］、［4］の項目にあてていきます。
［1］　調査のきっかけと目的

候補としてイとエとキがある。イは調査内容が標題と一致していない。また、調査方法まで述べている。エは、調査のきっかけから導かれる調査内容が限定され、標題と一致しない。キは調査のきっかけと目的がはっきり述べられている。

［2.1］　調査方法

これにあたるのはア、カである。アは方法が具体的に述べられている。カは内容が具体的に述べられていない。

［4］　結果のまとめと解釈

これにあたる項目はウ、オ、ク、ケである。ウは年代による差を無視して、A、B、Cを同じように扱っているので不適切。オとクは結果をまとめ、それに対して適切な解釈をしている。ケはBについての結果を落としていて、項目として不適切。

《解答》
問1　③ ウ　　④ ア
問2　① キ　　② ア　　⑤ オ・ク

【レポートの構成表　全体構成】

標題：謝罪場面における電話とメールの選択　―年代別に注目して―

[1] 調査のきっかけと目的

　新聞の投書欄でメールでの謝罪は失礼だという意見を読んだ。だが、大学生である調査者（私）は、メールでの謝罪は気にならない。そこで、メールと電話の選択について、年代別に違いがあるかどうかを調べる。また、選択の理由の一端を明らかにする。

[2] 調査概要

[2.1] 調査方法

　　アンケート調査による。調査対象者Aには手渡しで依頼し、その場で記入してもらう。同B・CにはAを通じて依頼・回収してもらう（使用したアンケート用紙は別添資料の通り）。

[2.2] 調査内容

　　具体的な謝罪の場面を設定し、メールを使用するか、電話を使用するかを選択してもらう。また、その理由を選択肢から選んでもらう（複数回答可）。

[2.3] 調査対象者

　　A：20代（調査者が所属する大学の大学生50人：男26人／女24人）
　　B：40～50代（Aの父親か母親または両方50人：男22人／女28人）
　　C：60代以上（Aの祖父か祖母または両方50人：男24人／女26人）

[3] 調査結果

[3.1] どちらを選択したか（メール／電話）

　　A：45人／5人　B：13人／37人　C：7人／43人

[3.2] 選択の理由（複数回答。選択が多い方の理由のみ）

- A－メール：「メールが失礼だとは思わないから」という回答が8割強で最も多い。次に、「電話よりメールの方が気が楽だから」という回答が約6割である。
- B－電話：「メールだと軽い感じがして相手に失礼だから」が約8割、「電話で直接話さなければ誠意が伝わらないから」が約6割である。
- C－電話：「メールだと軽い感じがして相手に失礼だから」、「電話で直接話さなければ誠意が伝わらないから」がともに約8割である。

[4] 結果のまとめと解釈

- Aは、メールの割合が非常に高く、B・Cでは、反対に電話の割合が高い。年代による選択の違いが確認できた。この違いは、メールに対する依存度や使用頻度に関係するのではないだろうか。
- AとB・Cとでは、メールのとらえ方に隔たりがあることがわかる。Aは、物心がついたときにはメールが使える環境だったため、メールも電話も同等の通信手段として認識し、メールが失礼だという認識はないと考えられる。他方、B・Cは、電話が主流の時代を経験しているため、新しい通信手段のメールでの謝罪に抵抗感があるのではないか。

| 第３問 | ▶本冊54・55ページ |

【修正のポイント】

1　誤字を書き改める。
　　「拝敬」→「拝啓」

2　話し言葉、くだけた表現、俗語を書き改める。
　　疑問符・感嘆符→削除
　　「お元気ですか」→「いかがお過ごしでしょうか」
　　「こんど」→「このたび」
　　「ぼくら」→「私ども」
　　「20周年なので」→「発足20周年を迎えることとなり」
　　「活躍の」→「ご活躍の」
　　「800字くらい」→「800字程度」
　　「マニアじゃなくても」→「専門的知識がなくても」「初心者でも」など
　　「面白がる」→「興味を持つ」など
　　「お忙しいとは思うのですが」→「ご多忙のところ」
　　「書いていただけたらとてもうれしいので」→「ご執筆いただけましたら幸いです」
　　「またあとで電話します」→「改めてお電話いたします」など
　　「とりあえず手紙でお願いしました」→「まずは書中にてお願い申し上げます」

3　執筆の条件については、記書きの形式で箇条書きで記す。
　　内容・タイトル・字数・謝礼・締切について箇条書きにする。

4　強引な表現を改め、多忙な先輩に配慮した言葉を加える。
　　追加する文言：「突然のお願いで恐れ入りますが」
　　「ぜひぜひお願いします」→「なにとぞよろしくお願いいたします」

《解答例》

拝啓
　春暖の候、松上先輩におかれましてはいかがお過ごしでしょうか。
　このたび、私どもの研究会「あにまにあーな」が発足20周年を迎えることとなりました。つきましては、これを記念してコメンテーターとしてご活躍の先輩にエッセーをご執筆願えないでしょうか。
　ご多忙のところ突然のお願いで恐れ入りますが、下記の要領にて原稿をご執筆いただけましたら幸いです。なにとぞよろしくお願いいたします。
　改めてお電話いたしますが、まずは書中にてお願い申し上げます。

```
                                              敬具
                          記
  内容：専門知識がなくても興味深く読める話題
  タイトル：お任せします
  字数：800字程度
  謝礼：1万円
  締切：10月10日
                                              以上
                      （22字×21行）
```

第4問

テーマだけでなく、それに関した文章も提示されています。文章をよく読み、テーマの趣旨を理解して論説文を書きましょう。自分なりにテーマに沿った内容を考えなければなりませんが、問題で求められている趣旨からずれないよう注意しなければなりません。

ブレーン・ストーミングを行うなどして書く内容が決まったら、出題された条件通りに4段落構成で書きます。

書き終えたら次のチェックリストで自分の文章を確認しましょう。

【チェックリスト】
- □四つの段落に分けているか
- □第1段落には、出来事・体験・知識だけを書いているか
- □第2段落に意見を書いているか
- □第3段落で意見が正しいことを説明しているか
- □第4段落で異なる意見をとりあげ、それに反論しているか
- □根拠となる事実は意見を支えているか
- □根拠となる事実は具体的に述べているか
- □意見は明確か
- □意見が正しいことを筋道立てて説明しているか
- □異なる意見は明確か
- □異なる意見への反論は十分に説明しているか
- □デスマス体とデアル体を混ぜて書いていないか
- □誤字・脱字はないか
- □文法的な誤りやおかしな表現はないか
- □表記の欠点（句点がない／段落を改行していない）はないか

〔作成例１〕

　私は中学、高校の６年間、バレーボール部に所属していた。マンガの主人公にあこがれて、強豪校といわれる中高一貫の私立校を選んだのだ。最初はすぐに選手として試合に出られると思っていたが、強い選手が集まってくるチームの中で、レギュラーになるのは、簡単なことではなかった。自分の練習はもちろんだがコートの準備と後片付け、試合の時にはレギュラー選手のためのタオルや飲料水の確保なども一生懸命にやった。結局、公式試合のレギュラーとして一度も試合に出ることなく補欠として６年間を終えることとなった。

　レギュラーで公式試合に出場することはできなかったが、私は、部活動を続けた６年間の過程に大きな誇りをもっている。スポーツを行うときは結果よりその過程にこそ大切さがあると考える。

　私たちは、毎日をただ単に過ごしているわけではなく、目標とすべき何かがあったり、かなえたい夢をもっていたりする。その目標や夢に向かって過ごす一日一日が、自分の学校生活、その後の人生そのものなのだ。毎日の練習という積み重ねなくしては、レギュラー選手として公式試合に出るという目標にいきなりたどりついたり、夢をかなえたりすることは決してできない。そして、積み重ねる毎日の中にこそ、努力することの大切さや、目標や夢に近づいていく確かな手ごたえを感じることができるのである。

　確かに、バレーボールに限らず、スポーツの試合には実力のある相手と対戦する楽しみや出場した者しか味わえない表舞台ならではの緊張感や華やかさがあり、得難い経験ができるという立場もあろう。だが、部活動などのスポーツに充足感がもてるか否かは、どれだけ打ち込み、いかに毎日を過ごしてきたか、その濃度に比例するはずだ。だからこそ、毎日の過程こそが大切なのである。

（22字×34行）

〔作成例2〕

　私は大学の陸上部に所属している。学校の授業と練習の両立は生半可なものではなく、とても大変だが、充実した毎日を送っている。今の自分があるのも中学、高校の6年間陸上を続け、スポーツ推薦で練習環境のよい今の大学に入れたからである。スポーツ推薦に合格できるようにと、大会で勝ち残り、よい記録を出すために必死に練習した。その甲斐（かい）あって1位になったことも少なくない。その実績が評価され合格できたのだと思う。

　大学のスポーツ推薦はほかにも優秀な選手がたくさん受けたに違いないが「よい記録」「1位」の回数という実績が評価されたと私は思う。部活動などのスポーツを行うとき、過程よりも結果が大切なのだ。

　大学のスポーツ推薦では全国から多くの学生が入学を志願する。そのような中いくら毎日練習を休まず、人一倍努力をしてきたとアピールしてもあまり説得力はない。選考するのは、その志願者が練習しているところなど見たこともない人たちなのだ。誰にでも共通の物差しとなりうる「よい記録」「1位」という結果が大切なのだ。努力は本人や周囲の人にしかわからず、一般の人には結果を出さなければその努力はわかってもらえない。

　もちろん、結果は運によって決まることもあるのだから、そんな結果よりも努力の過程を大切にすべきだ、という意見もあるだろう。確かに努力したことは、本人にとってプラスにこそなれマイナスにはならない。しかし毎回運が悪いから負けたというのは言い訳でしかない。これは「過程が大切」ということを理由にして、実力がないのを認めようとしていないだけではないか。過程という形のないあいまいなものより、実力を証明できる結果のほうが大切なのだ。　　　（22字×33行）